아이가 원하는 것을 모른 채
부모는 하고 싶은 말만 한다

아이가 원하는 것을 모른 채 부모는 하고 싶은 말만 한다

아무리 애써도
아이의 마음을
읽기 어려운
부모들에게

오연경 지음

위즈덤하우스

프롤로그

아이를 사랑하는 마음보다 표현이 더 중요합니다

작은 교실, 열두 아이가 저를 바라봅니다. 이 아이들 중에는 수줍음 많은 아이, 에너지 넘치는 아이, 공격적인 아이, 그리고 새로운 선생님이 불편한 아이도 있겠지요. 하지만 이곳은 행동에 문제가 있어서 찾아오는 상담실이 아니라 평범한 교실입니다. 저는 아이들이 어떤 특성을 가지고 있는지 아무런 정보도 없이 교실에 들어가 제가 준비한 수업을 하고 나왔지요. 십오 년 전 유아교육회사의 연구원으로 근무하며 놀이 프로그램을 만들고 아이들을 만나던 때의 일입니다.

제 수업은 가능한 한 아이들을 많이 웃기는 것이었습니다. 웃기는 게 궁극적인 목적은 아니었지만 숫자를 가르칠 때도, 도화지를 나눠줄 때도, 인사할 때도 눈을 마주치면서 웃음을 일으키는 상호작용을 했지요. 아이들은 대체로 잘 따라왔지만, 종종 힘들어하는 아이도 눈에 띄었습니다. 하지만 일주일에 한 번씩 수업 시간에만 만나는 아이들을 깊게 살피기에는 역부족이었고, 제가 할 수 있는 일이라고는 가까워지기 위해 잠깐이라도 둘만의 순간을 만드는 것뿐이었습니다. 수업 중에 눈을 피하는 아이와는 멀리서라도 눈맞춤을 하려 애쓰고, 딴짓을 하는 아이에게는 일부러 작은 부탁을 하여 고마움을 전했지요.

하루는 수업 내내 시무룩해 보이는 아이를 불러 귓속말로 "오늘 선생님의 이야기를 잘 들어줘서 고마워. 다음 주에 만나자. 보고 싶을 거야"라고 하자 아이가 제 등에 기대며 저를 꼭 안아줬습니다. 아이가 기대어오던 따뜻함이 아직도 생생합니다. 다섯 살 아이가 무슨 일로 시무룩했는지는 모르지만, 작은 관심만으로도 아이의 마음을 움직일 수 있다는 사실을 경험한 순간이었습니다.

이는 유아기나 아동기 아이들에게만 있는 모습이 아닙니다. 수년 전에 서울에 있는 한 대학교의 평생교육원에서 학생들을 지도한 적이 있습니다. 평생교육원의 특성상 학생들의 연령대가 다양한 편이지만, 당시에 저는 고등학교를 졸업한 후 바로 입학하거나 다른 대학을 다니다가 중도에 포기한 학생들을 맡았습니다. 수업만큼이나 진로 상담도 중요한 업무였지요. 상당수는 입시에 실패한 경험이 있었고, 그 과정에서 부모님과의 의견 충돌도 많았습니다.

저는 주로 아이들의 계획, 꿈, 좋아하는 것을 들어주고 때로는 불안한 마음을 다독이며 간단한 조언이나 도움이 될 만한 정보를 주었습니다. 그러자 처음에는 무리 지어 의례적으로 찾아오던 아이들이 다음 학기부터는 개인적으로 상담을 요청하며 자신의 더욱 깊은 이야기를 들려줬습니다. 매일 지각과 결석을 반복하던 학생은 상담 이후에 맨 앞자리에서 눈을 반짝이며 수업을 듣고, 지각하는 날이면 문자로 늦는 이유를 알리며 노력하는 모습을 보였습니다.

만약 아이들에게 관심을 주는 대상이 부모님이라면 어떨까요? 물론 부모님은 누구보다 더 많은 관심과 사랑을 내 아이에게 주었을 것입니다. 하지만 부모님이 자녀를 사랑하는 마음의 크기와 표현의 크기는 다를 수 있습니다. 부모님의 사랑이 아이의 언어로 표현되지 않는다면 아이는 그 사랑을 온전히 받아들이지 못합니다.

소와 사자의 사랑을 예로 들어볼까요? 소는 사자를 너무 사랑해서 자신이 가장 좋아하는 풀을 날마다 사자에게 줍니다. 사자 역시 소를 너무 사랑한 나머지 배고픔도 참고 고기를 선물하죠. 소는 생각합니다. "사자는 왜 내가 싫어하는 고기만 주는 거야?" 사자도 생각합니다. "소는 나를 싫어하는 게 분명해. 먹지도 못하는 풀만 주다니!" 소와 사자는 서로 사랑했지만 오해가 쌓여서 끝내 헤어지고 맙니다.

이런 모습은 육아 일상 속에서도 자주 발견됩니다. 아이는 엄마와 놀고 싶은데 엄마는 식사 준비로 분주하고, 불안해진 아이는 칭얼거립니다. 결국 엄마는 화를 내고 말죠. 사랑하는 아이를 위해 식사를 준비하는 데 차질이 생겼으니까요. 엄마의 화가 사실은 자신을 사랑해서 시작된 표현임을 아이가 과연 알까요?

부모님들은 각기 다른 고민으로 저를 찾아오시지만 문제 해결을 위한 첫걸음은 언제나 같습니다. 아이들의 눈높이에서 아이들이 원하는 말과 행동으로 표현하는 것이죠.

　상대가 진짜 원하는 것을 모른 채 자기 방식대로만 사랑을 표현한다면 오해가 쌓이고 갈등이 깊어집니다. 아이들이 원하는 방식으로 사랑을 표현해주세요. 인사법을 바꾸고, 감탄사를 바꾸고, 대화의 첫마디를 바꿨을 뿐인데 아이들은 답을 줍니다.

　아이와 눈을 마주치며 상호작용하는 시간이 있나요? 아이와 눈을 마주치는 순간에 웃음을 주고받나요? 아이가 엄마, 아빠의 말 한마디, 표정 하나에도 신나고 즐거운 모습을 보이나요? 아이에게 사랑을 표현하는 방법도 배워야 합니다. 아이와의 깊은 갈등으로 고민스럽다면, 아이와 지금처럼 끈끈한 관계를 계속 이어가고 싶다면 아이가 원하는 '애정 표현'을 아이들의 언어로 배워서 해주세요. 아이들이 외치고 있습니다. "엄마, 나를 이렇게 사랑해주세요!"

2021년 6월
오연경

차례

프롤로그 아이를 사랑하는 마음보다 표현이 더 중요합니다 • 4

Chapter 1.
아이와의 교감, 왜 어려운 걸까요?

안정적인 애착이 싹트는 조건

아이에게 사랑을 표현하지 않으면 • 17
아이가 부모에게 사랑받는다고 느끼도록 • 20
애착의 유형보다 중요한 것 • 23
아이의 분노를 다스리는 애정 표현 • 24
아이에게 사랑을 표현하는 데 늦은 시기란 없다 26
아이가 부모의 사랑을 거부하는 이유 • 28
부모도 사랑에 서툴다 • 31

부모의 사랑이 전해지지 않도록 방해하는 것들

거부적 표현부터 줄이기 • 33
아이들의 의심 프로세스 • 35
유아기 아이들의 사고법 • 37
아이가 부모의 사랑을 의심하면 • 38
아이가 보내는 애착 위험 신호 • 40

아이와 부모, 누가 더 사랑할까?
불안도 분노도 결국 사랑이다 • 45
아이에게 계속 화가 나는 이유 • 46
아이의 기질을 바꾸려 하지 마세요 • 48
정말로 다 아이를 위한 일이라고요? • 50
조건 없는 아이의 사랑 • 54

♥ 체크리스트 1.
부모의 애정성 점수 알아보기 | 부모의 사랑이 제대로 전해지고 있을까? • 57

Chapter 2.
아이에게 독이 되는 사랑, 약이 되는 사랑

부모의 양육 신념과 양육 태도
애정성과 훈육이 좌우한다 • 63
아이의 현재 행동을 바꾸고 싶다면 • 65

허용적 부모가 아낌없이 주기만 하는 사랑
정말로 다 받아줄 수 있나요? • 68
지나친 배려의 역효과 • 70
일관된 기준이 필요한 아이들 • 73
부모의 권위를 높이는 방법 • 75

권위적 부모가 일방적으로 이끌어가는 사랑

다 너를 위한 거야 • 80
관계적 통제도 독단적 통제도 해롭다 • 81
선택권 없는 일방적 통제의 역효과 • 86
아이를 존중하는 방법 • 90

책임만 남은 방임형 부모의 무덤덤한 사랑

다 포기한 채 벗어나고파 • 94
부모로서의 책임감과 사랑 사이에서 • 97
집 밖에서 사랑을 찾으며 분노하는 아이들 • 99
무기력한 육아에서 벗어나는 방법 • 102

아이가 원하는 권위 있는 부모의 사랑

아이에게 물려주기 싫은 모습 • 106
아이에게 기억되고 싶은 모습 • 109
권위 있는 부모의 힘을 가지려면 • 111
아이의 발달단계별 부모의 현명한 역할 • 116

♥ **체크리스트 2.**
부모의 갈등 행동 반응 알아보기 | 나는 아이가 기댈 수 있는 부모일까? • 120

Chapter 3.
성공적인 훈육은 정확한 표현에서 시작된다

아이를 오해하게 만드는 부모의 실수
"울음 뚝 그쳐!", 아이의 부정적 표현을 통제하지 말 것 • 127
"뭘 잘못했는지 생각해봐", 아이를 혼자 내버려두지 말 것 • 131
"엄마 지금 화났어!", 아이가 먼저 다가올 때 거부하지 말 것 • 136
"웃기지? 이래도 안 웃을 거야?", 흐지부지 넘어가지 말 것 • 140
"좋은 말로 할 때 들어!", 애매하게 말하지 말 것 • 144

부모의 훈육에 사랑을 담는 원칙
표현은 단호하게, 메시지는 따뜻하게 • 147
훈육 이유는 '아이 중심 메시지'로 • 152
훈육의 긍정적인 결과를 확인시켜라 • 155
훈육 가치는 별문제 없는 일상에서 즐겁게 전한다 • 157
문제 중심의 단호한 훈육 < 일상적인 긍정 훈육 • 161

따뜻한 실전 훈육의 말
훈육 대화의 기본형 • 166
아이 마음대로 안 되어 칭얼거릴 때 • 170
아이가 형제나 또래와 갈등할 때 • 174
부모가 들어줄 수 없는 것을 요구할 때 • 179
아이가 반드시 해야 할 행동을 거부할 때 • 183

♥ 체크리스트 3.
부모의 거부적 훈육 정도 알아보기 | 훈육으로 아이는 얼마나 상처받고 있을까? • 187

Chapter 4.
아이의 마음을 열고 행동을 바꾸는 애정 표현의 기술

육아도 일종의 연애다 • 193

친밀감 높이기 프로젝트
아이와 단둘이 보내는 일대일 시간 • 195
아이의 일상을 특별한 시간으로 만들어주는 팁 • 198

기대감 높이기 프로젝트
작은 일도 대단한 일인 듯, 재미있는 일인 듯 • 201
아이의 일상을 기대감으로 가득 채우는 팁 • 204

감탄사를 입버릇으로 프로젝트
"귀여워!", 아이의 존재 자체에 대한 감탄 • 207
귀엽지 않은 데가 없는 아이에게 효과적으로 감탄하는 팁 • 210

공통점 찾기 프로젝트
아이가 가장 닮고 싶어 하는 사람은 부모 • 212
아이와의 공통점을 수없이 찾을 수 있는 팁 • 216

행복 리플레이 프로젝트
즐거운 기억이라면 얘기하고 또 얘기해도 괜찮아 • 218
아이와의 소소한 추억도 특별하게 만들어주는 팁 • 222

아이의 마음을 움직이는 표현의 기술

부모의 사랑을 표현할 최적의 타이밍 • 227
목소리 산 타기로 재미있게 • 231
다양한 표정으로 상투적이지 않게 • 235
스킨십의 범위로 아이와 밀당하기 • 237
눈맞춤은 즐거울 때 자연스럽게 • 240
리듬, 모션, 템포로 화룡점정 • 243

애정성 점수로 쌓이는 하루 1분 일상 놀이

아이가 등원(등교)할 때 • 247
아이에게 힘을 주고 싶을 때 • 248
아이를 칭찬할 때 • 250
아이를 목욕시킬 때 • 251
아이가 양치할 때 • 252
아이가 옷을 입을 때 • 253
아이와 놀이할 때 • 254
아이의 학습을 도와줄 때 • 255
아이가 잠들 때 • 257
아이가 밥을 먹을 때 • 258

Chapter
1

아이와의 교감, 왜 어려운 걸까요?

안정적인 애착이 싹트는 조건

아이에게 사랑을 표현하지 않으면

갓 태어난 아이는 '쾌'와 '불쾌'의 감정만 느낄 수 있습니다. 그러다가 점차 쾌의 감정은 즐거움과 행복, 불쾌의 감정은 공포와 분노와 두려움으로 분화됩니다. 이때 불쾌의 감정은 배가 고플 때, 변이 나왔을 때처럼 본능적으로 불편함을 느끼는 것만으로도 자극됩니다. 하지만 쾌의 감정은 단순히 기저귀를 갈아주고, 수유를 하는 것만으로는 자극되지 않습니다. 아이가 '행복하다, 즐겁다'는 감정까지 느끼기 위해서는 양육자가 눈을 맞추며 따뜻한 목소리로 웃음을 주는 상호작용이 필요하죠.

그렇다면 갓 태어난 아이에게 먹이고 씻기고 입히고 재우는 등 기본적인 보살핌은 제공하되, 양육자와의 즐거운 상호작용이 주어지지 않는다면 어떤 문제가 발생할까요?

루마니아의 독재자 니콜라에 차우셰스쿠가 무리한 출산 장려와 낙태 금지를 시행하면서 한 가정에 보통 4~5명, 많게는 10명 이상 아이를 낳는 상황이 벌어졌습니다. 그렇게 여러 자녀를 기를 능력이 없는 부모들이 고아원을 찾았고, 고아원은 결국 수용력을 상실하여 먹이고 재우는 기본적 보호만 다하기에 급급했죠.

차우셰스쿠 정권이 몰락한 이후에 진행된 연구에 따르면, 영국 가정에 입양된 루마니아 고아 165명에게서는 사회성 반응이 거의 없었으며, 언어와 놀이 발달이 지연된 모습을 보였습니다. 루마니아 고아원의 열악한 환경은 극단적인 사례이지만, 생명 유지를 위한 환경이 갖춰져도 양육자와의 스킨십과 상호작용이 없으면 아이들은 정상 발달에 이를 수 없습니다.

실제로 안락한 환경에서 자라지만 이름을 불러도 대답하지 않고 자신만의 세상에 빠져 있는 아이들이 있습니다. 자폐와 유사한 특징을 보이지만, 루마니아 고아들처럼 부모와의 상호작용이 부족하여 후천적으로 발달이 지연되는 반응성 애착 장애를 가진 아이들입니다.

반응성 애착 장애를 가진 22개월 유진이를 처음 만났을 때 유진이의 세상은 마치 돌 이전 아기에서 멈춘 듯 보였습니다. 12개월 이전의 아기는 자기 몸으로 놀이를 하기 때문에 이 시기의 아기가 손가락을 빨고, 팔다리를 휘젓고, 딸랑이를 반복해 흔드는 것은 정상 발달 과정입니다. 하지만 이때 '잘 놀고 있구나'라고 생각하면서 내버려두기만 한다면 아이는 상호작용의 즐거움을 배우지 못합니다.

아이가 손가락을 빨 때 부모는 노래를 불러주면서 손가락 빨기보다 재미있는 놀이가 있다는 사실을 알려줘야 합니다. 아이가 딸랑이를 흔들어대면 부모는 그 박자에 맞추어 반응해주면서 도구 밖 세상에도 관심을 갖도록 이끌어야 합니다.

그런데 주 양육자인 유진이 엄마는 산후 우울증으로 무기력했습니다. 그렇다고 아이에게 화를 내거나, 우는 아이를 내버려두지는 않았습니다. 아이가 잘 먹고 잘 자도록 챙겼지요. 하지만 아이와 놀아줄 에너지까지는 없었고, 어떤 날에는 하루 종일 동영상을 틀어놓았습니다. 영상을 보는 시간이 많을수록 영상 노출 자체의 부정적인 영향은 차치하고라도, 아이가 부모와 소통할 시간이 줄어든다는 점에서 매우 위험합니다. 유진이는 부모의 보호를 받았지만, 부모와 서로 눈을 바라보고 상호작용한 시간만큼은 터무니없이 부족했던 것입니다.

돌 이전 아기의 세상에 갇혀 있는 유진이를 불러내기 위해 우리는 먼저 엄마, 아빠와 함께 상호작용하는 시간을 늘려갔습니다. 유진이가 태어나 처음 뒤집고, 옹알이를 하고, 기어가기 위해 엉덩이를 들어 올렸던 그 수많은 순간에 했어야 할 환호성과 스킨십, 그리고 눈맞춤을 22개월에 시작한 것입니다. 엄마는 다시 아기띠를 꺼내어 유진이를 안고 거울 앞에 섰습니다. 아이와 눈을 마주 보며 노래를 불렀고, 언어 발달이 느리다고 걱정하기보다 "바빠빠빠 부아부아 파파" 하고 아이가 내는 소리를 따라 했죠. 그렇게 한 달을 보내자 유진이에게도 작은 변화가 생겼습니다. "유진아!"라고 이름을 부르면 돌아보게 된 것이죠. 눈맞춤 시간도 길어지고, 놀이 중에 엄마, 아빠의 행동을 모방하기 시작했습니다. 물론 이런 변화만으로 모든 문제가 해결된 것은 아닙니다. 어쩌면 한참 동안 또래의 발달 수준에 못 미칠지 모릅니다. 그래도 이 작은 변화가 희망적인 이유는 지금이라도 부모가 아이와의 소통을 시작했기 때문입니다.

공격적인 아이, 불안한 아이, 까다로운 아이를 키우고 있나요? 반응성 애착 장애를 예로 들었지만, 정상 발달 범주에서 자라는 아이들도 마찬가지입니다. 육아 고민에 대해 전문가의 도움을 받을 수는 있지만, 아이와 눈을 맞추고 사랑을 표현하는 기본적 상호작용이 없다면 그 효과가 유지되기 어렵습니다. 다른 문제가 없더라도 애정 표현이 부족한 것만으로도 아이들은 건강하게 자랄 수 없기 때문입니다.

아이가 부모에게 사랑받는다고 느끼도록

'나는 괜찮은 아이야.'
'세상은 재미있는 곳이야.'
따뜻한 사랑을 경험한 아이들은 이렇게 긍정적인 자아를 형성하고, 세상의 이치를 즐겁게 배워나갑니다. 동물행동학자 존 볼비(John Bowlby)는 이를 '애착'이라 정의하고, 생애 초기에서 주 양육자의 역할을 강조했습니다. 애착이 아이의 발달에 중요한 영향을 미친다는 사실이 알려지자 많은 부모가 아이와 안정적인 애착을 형성하는 데 뜨거운 관심을 보였습니다. 그런데 안정 애착의 중요성이 널리 알려진 반면에 어떻게 안정 애착을 형성하는가에 관한 기준은 모호하여 혼란을 줍니다.

자녀의 사회성이 걱정되어 찾아온 어느 엄마는 "애착이 안정된 아이들은 또래 관계를 잘 형성한다는데 저희 아이의 애착은 불안정한가요?"라고 물었습니다. 아이의 사회성으로 고민스러워질 때마다 육아서에서 읽은 이 한 문장이 자신을 따라다닌다고요. 결론부터 말하자면 이 말은 반은 맞고, 반은 틀립니다. 기질적 변수가 없다면 부모와 신뢰 관계를 안정적으로 형성한 아이들은 긍정적으로 세상을 바라보기 때문에 또래 관계도 원만할 것입니다. 하지만 아이가 또래 관계를 어려워한 것은 낯선 환경을 두려워하는 기질과 예민한 감각 때문이었을 뿐, 엄마와의 애착에는 별문제가 없었습니다.

먹이고 재우는 시간 외에도 아이와 눈을 맞추어 상호작용해왔다면, 아이의 옹알이를 모른 척하지 않았다면, 이름을 부를 때 아이가 쳐다본다면, 아이가 칭얼거리면서 엄마를 쫓아다닌다면 크게 걱정할 필요는 없습니다. 대부분의 아이는 현재 불안정한 애착을 형성했더라도 빠른 시일에 안정적인 애착 관계로 돌아갈 수 있습니다.

애착은 어떤 과정을 통해 형성될까요? 부모가 많이 웃어주고 사랑한다는 표현을 자주 한다면 아이는 안정적인 애착을 형성할까요? 그럴 가능성이 높습니다. 하지만 여기에도 유의할 점이 있습니다.

한 엄마는 어린 시절에 여러 형제 사이에서 자라느라 충분히 사랑받지 못한 아쉬움이 크다고 했습니다. 그래서 내 아이만큼은 더 많이 안아주면서 사랑하리라고 다짐했죠. 많은 육아서를 섭렵하며 공부도 열심히 했습니다. 자신이 그토록 원했던 따뜻한 부모, 사랑을 주는 부모가 되기 위해 노력한 것입니다. 하지만 아이는 엄마가 불러도 큰 관심이 없고, 먼저 엄마에게 다가와서 스킨십을 하거나 기대지도 않았습니다. 안정적인 애착을 형성한 아이들의 모습은 아니었죠. 그 이유가 무엇일까요?

자기보고식 양육 태도 검사에서 부모의 애정 표현 점수가 높게 나와도 실제로 아이와 상호작용하는 모습을 관찰하면 그렇지 않은 경우가 왕왕 있습니다. 부모는 사랑을 많이 표현한다고 생각하지만 아이는 그렇게 느끼지 않는 것이죠. '나는 아이에게 애정 표현을 많이 한다'라는 질문에 '매우 그렇다'로 답한다면 그 기준은 내 부모님이 됩니다. 즉 그 이면에는 '나는 우리 엄마에 비하면 애정 표현을 많이 하는 거야'가 숨어 있는 것입니다.

예를 들어 어린 시절에 부모와의 스킨십이 전혀 없었다면 밤마다 아이에게 사랑한다고 말하면서 뽀뽀를 하는 것만으로도 스스로 사랑을 충분히 표현하는 부모라고 자부하는 것입니다. 아이는 하루 종일 부모를 바라보기 때문에 수시로 애정을 표현해줘야 하는데도 말이죠.

애착의 유형보다 중요한 것

또한 애정 표현은 안정 애착을 위해 갖춰야 할 기본이지 전부가 아닙니다. 애착의 안정성은 애정 표현과 훈육이 함께할 때 비로소 완성됩니다. 그런데도 애착에서 온화한 사랑이 더욱 주목받는 이유는 비율과 순서의 차이 때문입니다. 애착을 안정적으로 형성하려면 먼저 사랑을 충분히 표현한 상태에서 훈육을 더해야 하는데, 애정 표현보다 훈육의 비율이 높을 경우에는 아이의 마음에 불안이 깃들게 됩니다.

그렇다고 이를 오해하여 단호함 없이 공감과 따뜻함만으로 아이를 대해서는 안 됩니다. 지나친 공감은 오히려 아이의 고집을 강화하고 혼란스럽게 만들 뿐이죠. 부모와 아이가 아무리 사이좋아도 문제 상황에서 아이가 부모에게 의지할 수 없다면 신뢰 관계라 할 수 있을까요? 게다가 아이들은 세상에 첫발을 내딛는 새내기이므로 문제 해결 방법을 모릅니다. 울부짖으며 떼쓰는 것은 '누가 내 문제 좀 해결해줘'라고 표현하는 것입니다. 믿음이 깊은 사이는 마냥 좋을 때보다 위기 상황에서 그 진가를 더욱 드러내는 법입니다. 자녀를 따뜻하게 대하되, 문제 상황에서는 바람직한 행동의 기준을 단호히 알려주는 부모가 되어주세요.

여전히 애착이 어렵게 느껴지나요? 지금도 아이의 애착이 불안정할까 봐 걱정되나요? 우리 목표는 아이에게 형성된 애착의 유형을 정확히 파악하는 것이 아닙니다. 애착의 유형은 학자들이 애착에

관해 연구할 때, 전문 기관에서 진단할 때 더욱 필요하죠. 부모로서 우리의 궁극적인 목적은 어떤 유형이든 관계없이 지금보다 더 안정적으로, 지속적으로 애착 관계를 유지하기 위해 제대로 사랑을 표현하면서 가르치는 것입니다.

아이의 분노를 다스리는 애정 표현

사랑에 빠지면 괜히 피식피식 웃음이 나고, 날 선 마음도 둥글둥글 유연해집니다. 반대로 연인과 다투고 헤어질 위기에 처하면 일은 물론 책도 운동도 눈에 들어오지 않습니다. 그동안 연인과 헤어지고 싶었다면 이야기는 완전히 달라지겠지만, 아이들은 부모와의 이별을 절대로 원하지 않습니다. 부모가 나를 사랑한다는 확신이 없으면 아무것도 손에 잡히지 않아요. 아이가 원하는 대로 간식을 주면서 하루 종일 동영상을 보여줘도 사사건건 트집을 잡고 떼를 쓰면서 '내가 여기 있어요! 나를 좀 사랑해주세요!'라고 자기 존재감을 드러내려 할 것입니다.

안정 애착이라는 종착지에는 애정 표현과 훈육이 함께합니다. 하지만 두 요소 중에서 애정 표현을 높이는 일이 먼저이며, 애정 표현 정도는 애정성 점수로 측정할 수 있습니다. 애정성이 높다는 것은 부모가 말과 행동으로 표현하는 사랑을 아이가 충분히 느낀다는 의미입니다. 즉 애정성은 '엄마, 아빠가 나를 사랑하는구나' 하고 아이에게 느껴지도록 양적으로는 얼마나, 질적으로는 어떤 방식으로 표현하느냐에 달려 있는 것이지요.

지금까지 다양한 양육 코칭 사례를 접해본 결과, 양육자의 애정성이 낮을수록 아이들은 더욱 복잡한 문제를 가지고 있었습니다. 똑같이 공격성에 대한 고민으로 찾아와도 부모의 애정성이 높은 아이는 물건을 빼앗기거나 친구가 너무 가까이 다가오는 등 이유가 있는 상황에서 공격적으로 돌변하는 반면에, 부모의 애정성이 낮은 아이는 시도 때도 없이 불특정 다수에게 이유를 알 수 없는 공격성을 드러냅니다. 사랑하는 연인을 잃고 목적 없이 방황하며 '어디 한 놈만 걸려봐' 하고 망가지기로 작정한 사람처럼 말이죠. 부모의 애정성이 낮을 때 아이는 '나는 사랑받을 자격이 없는 사람이야'라는 부정적 자아를 만듭니다. 부정적인 자아로 바라보는 세상은 불만스럽기 그지없고요.

하지만 반전이 있습니다. 애정성이 낮은 부모가 양육 코칭을 받으면 그 효과가 더욱 빠르게 나타난다는 것입니다. 처음에는 어디서부터 해결해야 할지 고민스러울 만큼 심각한 문제들을 복합적으로 가져오지만, 그 문제들을 멈추는 것은 훨씬 수월하죠. 애정성이 낮은 부모 때문에 힘들어하는 아이들은 "우리 아들은 왜 이렇게 쉬하는 소리도 귀여워?", "엄마는 우리 딸이랑 손잡는 게 너무 좋더라" 하고 아주 작은 애정 표현만 해줘도 분노를 가라앉힙니다. 대지에 물만 뿌려주면 자연이 알아서 쑥쑥 자라나듯 아이들도 마음밭에 애정성만 높여주면 스스로 변화하여 자신의 사랑스러움을 입증합니다.

아이에게 사랑을 표현하는 데 늦은 시기란 없다

　콘라트 로렌츠(Konrad Lorenz)의 각인 이론에 따르면 거위는 알에서 나와 가장 먼저 본 대상을 어미로 인식합니다. 이것저것 따질 새도 없이 태어난 순간부터 입력된 프로그램에 따라 생존을 위해 맹목적으로 양육자를 따르는 것입니다.
　아이도 태어날 때부터 입력된 프로그램에 따라 부모의 사랑을 원합니다. 사랑을 받는다는 것은 앞으로도 안전하게 보호받을 가능성이 높다는 뜻으로 생존 자체를 의미하죠. 이런 이유로 부모가 일관되게 안정적으로 사랑을 표현하면 아이는 편안한 상태에서 안심하고 세상과 마주합니다.
　반대로 부모가 표현하는 사랑이 부족하거나 일관되지 않으면 아이는 부모를 불신하고 불안한 마음을 가지게 됩니다. 연인은 바꿀 수라도 있지, 부모는 마음대로 바꿀 수조차 없습니다. 그런 부모와 사랑에 빠진 아이들의 상처가 깊어져 부모를 향한 애증이 불거지면 쉽게 치유하기 어렵습니다.
　유튜브 강의 중에 "엄마, 아빠 미워!"라고 말하는 아이에게는 "너는 지금 간식을 먹고 싶어서 화가 난 거야. 우리 딸은 엄마를 미워하고 싶어도 미워할 수가 없어"라고 훈육해보라며 안내한 적이 있습니다. 아이가 밉다고 말하는 것은 부모 자신이 아니라 문제 상황일 뿐, 아이는 부모를 미워할 수 없으니 그 말에 속상해하지 말고 아이의 욕구를 해결해주라는 이야기였습니다. 그런데 그 강의를 본 누군가 "말도 안 되는 소리! 나는 진짜로 엄마, 아빠 자체가 싫어요! 부모가 절대적인 사랑의 대상이라고요? 나는 부모의 사랑 같은 것 받아 본 적 없거든요! 일반화하지 마세요. 아, 그런데 이건 영유아기에만 통하는 이야기인가?"라고 말했습니다. 어린 시절에 부모에게 받은 상처가 고스란히 느껴졌습니다. 부모에게 사랑받고 싶은 마음이 애초에 없었다면 이렇게까지 화가 날까요?

지나가는 행인이 나에게 관심을 주지 않는다고 화를 내는 사람은 없습니다. 내가 사랑받고 싶은 사람, 내가 좋아하는 사람이 나에게 관심이 없을 때, 나를 비난할 때 화가 나고 서운한 법이죠. 부모님들과 애정성에 대한 이야기를 나누다 보면 "이제는 늦지 않았나요?"라고 자주 걱정합니다. 확실히 말씀드립니다! 애정 표현에 늦은 시기란 없어요. 지금부터 아이에 대한 사랑을 표현하기 시작하면 됩니다. 아이의 짜증, 분노, 불만이 크게 느껴질수록 더더욱 표현해야 합니다.

사회심리학자 에릭 에릭슨(Erik Erikson)은 발달 시기별 과업의 중요성을 강조하면서, 아동기의 발달과업은 신뢰감→자율성→주도성→근면성의 순서로 이루어야 한다고 했습니다. 부모에 대한 믿음이 안정적일 때 아이는 스스로 세상을 탐색하며 자율성을 기릅니다. 자율적으로 탐색하는 즐거움을 느낀 이후에는 주도적으로 선택할 수 있게 되고, 자신이 주도적으로 선택한 대로 꾸준히 실행해나가면서 근면성이 발달합니다.

애착 형성이 아이들의 첫 번째 과업인 이유가 바로 여기에 있습니다. 부모의 사랑을 믿어야 동생도 예뻐 보이고, 친구에게 물건도 나눠줄 수 있습니다. 신뢰의 안경을 쓰고 엄마를 바라봐야 엄마가 놀아주지 않고 설거지를 하는 것이 나를 미워해서가 아니라는 사실을 알게 됩니다.

발달과업은 순서대로 달성해나가야 다음 단계로 이어지기 때문에 부모의 사랑 없이는 다음 단계로 나아가기가 어렵습니다. 결국 아이의 모든 부적응 행동은 어느 시기에 어떤 모습으로 나타나든 앞으로 거슬러 올라가다 보면 이를 해결할 수 있는 가장 근본적 열쇠는 부모의 사랑으로 귀결됩니다.

아이가 부모의 사랑을 거부하는 이유

"우리 아이는 스킨십을 싫어해요."

부모의 사랑을 원하는 것은 인간의 본능인데도 그 사랑을 거부하는 아이들이 있습니다. 생후 19개월에 부모코칭센터를 찾아온 준우 엄마는 아들이 '시크하다'고 표현했습니다. 뽀뽀를 해도 시큰둥하고 먼저 와서 안기는 법이 없다고요.

아이들은 본능적으로 사랑을 원하는데 아직 두 돌도 안 된 아기가 애정 표현을 거부하는 이유는 무엇일까요? 저는 이런 아이들을 모태 솔로에 비유합니다. 한 번도 연애를 해본 적 없는 사람은 연애의 괴로움도 모르지만, 진실로 사랑할 때야 비로소 느껴지는 행복도 모릅니다. 그렇게 지내다가 적당한 수준에 맞추어 결혼을 하고 아이도 낳으면서 살아갈 수는 있을지언정, '귓가에 종이 울리는' 진짜 사랑의 느낌은 알지 못하는 거예요.

어느 날 내리사랑교육연구소 온라인 카페를 통해 "제발 살려주세요!"라고 이준이 엄마가 도움을 요청해왔습니다. 잠깐의 상담 전화만으로도 엄마의 힘겨움이 느껴졌지요. 엄마는 하루 종일 네 살 아이 곁에 머물며 아이의 수족 역할을 했습니다. 아이에게도 연인처럼 사랑을 주어야 하는데 보호자처럼, 매니저처럼 기본적인 상호작용만 했던 것이죠.

곧바로 양육 코칭을 진행하여 이준이 엄마의 양육 태도를 검사한 결과, 아이에 대한 애정성은 바닥을 치고 있었습니다. 엄마의 고민은 아이가 잠시도 떨어지지 않으려 하면서 외출을 거부하고 기저귀를 가는 데만 한 시간씩 실랑이를 해야 하는 등이었지만, 이 모든 것을 제쳐두고 엄마의 애정성부터 높일 것을 제안했습니다. 빠른 해결을 원한 엄마는 불만을 표시했지만, 일주일만 애정성을 높이는 데 집중하기로 목표를 정한 뒤 솔루션을 시작했습니다.

"오늘 이준이에게 사랑한다는 말을 들었어요."

엄마가 된 지 사 년 만에 처음 듣는 말이라고 했습니다. 당시에도 이준이는 외출하기 싫어하고 기저귀 실랑이를 벌였지만 엄마 목소리는 한결 편안하게 들렸죠. 이후에 이준이는 엄마의 훈육 과정도 잘 따라왔습니다.

이외에도 비슷한 사례는 상당히 많습니다. 내리사랑교육연구소에서 진행하는 러브 마스터 과정은 아이와 어떻게 놀아줘야 하는지 몰라서, 아이와 애착의 질을 높이고 싶어서, 부모인데도 왜 아이가 예뻐 보이지 않는지 알고 싶어서 찾아온 부모님들과 함께하는 수업입니다.

아이에게 어떻게 사랑을 표현해야 하는지 배우고 실천하다 보면 아이가 먼저 사랑을 표현하기 시작하여 많은 부모님이 "아이가 스킨십을 거부하지 않아요", "아이가 먼저 다가와 안기는 일이 많아졌어요" 하고 감격합니다. 때로는 "혼자 잘 놀던 아이가 자꾸만 엄마랑 같이 놀려고 해요", "아이의 어리광이 늘었어요" 하고 오히려 힘들어진 상황을 토로하죠. 하지만 이 또한 애정성이 높아지는 과정에서 자연스럽게 나타나는 모습입니다. 아이도 누울 자리를 보고 다리를 뻗습니다. 부모가 자기 사랑을 받아줄 준비가 되어야 아이도 비로소 진심을 내비치는 겁니다.

부모와의 스킨십을 거부하고 애정 표현에 둔감한 아이라면 '부모의 사랑이 무엇인지' 적극적으로 알려줄 필요가 있습니다. 이런 아이는 충분히 사랑받아본 경험이 아직 없는 것이에요. 부모가 사랑을 표현해도 아이가 원하는 언어로 표현하지 않으면 아이는 사랑을 배울 수 없습니다. '엄마는 언제나 날 사랑해!' 하고 아이가 현재형으로 부모의 사랑을 느끼게 해주세요. 아이의 언어로 사랑해주면 아이가 되돌려주는 사랑을 통해 진정한 육아의 행복을 느낄 수 있습니다.

부모도 사랑에 서툴다

아이만 사랑에 서툰 것이 아닙니다. 부모 역시 원부모와 제대로 연애를 못 해봤다면 밥 먹고 영화 보는 기본 코스 말고 어떤 데이트 코스가 있는지 모를 수밖에 없습니다.

어느 엄마의 이야기가 떠오릅니다.

"놀이터에서 저는 습관적으로 딸아이를 미끄럼틀에 태워주고 있었는데, 비슷한 또래의 다른 모녀가 옆에서 너무나 다정하고 친근하게 미끄럼틀을 타는 거예요. 저는 참 지루했는데 그 엄마는 행복해 보였죠."

무엇보다 그 엄마가 미끄럼틀을 타고 내려오는 아이에게 "엄마 딸! 보고 싶으니까 빨리 내려와. 슝~ 아이, 이뻐라" 하고 안아주는데 망치로 머리를 맞은 것처럼 충격을 받았다고 했습니다. '엄마라면 저렇게 얘기해야 하는구나. 나는 왜 한 번도 저런 말을 떠올리지 못했을까?'라는 생각에 혼란스러웠다고요.

"그런 말은 쑥스러워서 잘 못 하겠어요"라는 이야기도 자주 듣곤 합니다. 다른 사람에게서는 자연스럽게 나오는 말이 왜 누군가에게는 그토록 어렵고 힘들고 어색한 것일까요? 다른 사람은 언변을 타고났을까요? 임기응변에 능하여 그런 말이 순간순간 잘도 떠오를까요?

모두 아닙니다. 이유는 단 하나! 들어본 적이 없기 때문입니다. 어린 시절에 내 부모님에게 들었어야 할 말을 듣지 못했기에 생각이 안 나는 거예요. 아이의 언어가 발달하는 과정과 마찬가지입니다. 들어야 말할 수 있어요. 모국어는 특별히 노력하지 않아도 습득되는 것처럼, 아이에게 표현하는 말과 행동 역시 어릴 때부터 내 부모에게서 일상적으로 들어왔다면 별다른 노력 없이 자연스레 표출됩니다.

 아이가 너무 사랑스러운데 어떻게 표현해야 좋을지 잘 모르겠다면 '어린 시절에 부모와 눈을 맞추고 따뜻한 말을 많이 들었어야 했는데 그러지 못해서 내가 많이 힘들었구나' 하고 나 자신을 먼저 위로해주세요. 그리고 아이가 어떤 사랑을 원하는지, 그 사랑은 언제 어떻게 표현해야 하는지 배워야 합니다. 처음에는 어색할지 모르지만 한두 번 연습하다 보면 곧 익숙해질 거예요. 자신감도 생기지요. 부모가 조금은 서투르게 사랑을 표현할지라도 아이는 기쁘게 받아줄 것입니다. 아이는 언제나 사랑받기 위해 완벽히 준비되어 있으니까요.

부모의 사랑이 전해지지 않도록 방해하는 것들

거부적 표현부터 줄이기

좋아, 아이에 대한 사랑을 겉으로 표현하는 게 그토록 중요하다면 표현해주지, 뭐!

수시로 아이를 안아주면서 사랑한다고 말하고 노래도 불러줬는데 아이는 여전히 불안해하면서 엄마에게 집착하고 공격적으로 나온다면 무엇이 문제일까요?

부모가 사랑을 충분히 표현하는데도 아이의 문제 행동이 지속된다면 그동안 애정 표현으로 공들인 탑을 한 번에 무너뜨리는 거부적 표현을 하고 있는 것은 아닌지 점검해야 합니다. "엄마는 역시 나를 사랑해"라고 느끼게 하는 표현이 애정성 높은 표현이라면, "엄마가 나를 미워하는구나"라고 느끼게 하는 표현은 아이를 거부하는 표현입니다. 거부적 표현에는 아이에게 화를 내고 체벌을 하는 것뿐만 아니라 '아이 혼자 놀았으면 좋겠다, 육아가 버겁다, 우울하다'라고 생각하는 것도 포함됩니다.

보통은 부모의 애정성이 높으면 아이에 대한 거부나 방임 정도가 낮으리라고 생각하지만, 그렇지 않은 경우도 많습니다. 대체로 아이가 예쁘고 사랑스러워 절로 애정 표현을 하게 되지만, 감정 조절이 안 될 때마다 한 번씩 아이를 비난하거나 협박하는 부모가 여기에 해당합니다. 윽박지르지는 않더라도 최선을 다해 아이에게 반응하면서 놀아주다 에너지가 부족해져 나중에는 아이가 혼자 놀기를 바라는 부모도 있습니다. 어느 쪽에 속하든 이런 거부적 표현은 아이의 마음속에 빨간불을 켭니다.

평소에 꿀 떨어지듯 달콤한 관계여도 한번 싸울 때 거친 말이 오간다면 그 관계는 불안할 수밖에 없겠죠? 밑바닥까지 드러내면서 싸우지는 않더라도 항상 피곤해하면서 우울한 표정으로 쉬고 싶어 한다면 상대는 '나에 대한 마음이 식었나?'라고 오해하게 됩니다. 하지만 육아는 그 자체로 어려운 과정입니다. 아이가 예민한 기질이거나 훈육도 안 되어 있는 상황이라면 더더욱 힘든데 안 피곤한 척, 안 버거운 척, 즐거운 척할 수 없습니다. 숨기는 것도 하루 이틀이지 숨겨지지 않죠. 특히 "아이가 예쁘지 않아요", "아이 없이 혼자 있고 싶어요"라고 어렵사리 속마음을 털어놓는 부모는 잠시 애정성을 높였다가도 다시 이전의 모습을 보이며 힘들어하곤 합니다.

우리의 최종 목표는 애정성을 높이는 것이 맞습니다. 하지만 처음부터 애정 표현 강도를 높이는 데 열중하면 지속하기 어려워 거부적 표현도 함께 늘어납니다. 애정성을 더 높이기 어렵게 느껴진다면 거부적 표현부터 줄여보세요. 아이가 다가올 때 웃으며 안아줄 수 없다면 적어도 "기다려!"나 "왜?" 같은 반응은 하지 않는 것입니다. 아이의 강점을 발견하여 칭찬하지 않더라도 "너는 왜 그 모양이니?"라는 비난만이라도 멈춰보는 거예요. 거부적 표현만 멈춰도 더 이상 아이와의 관계를 망치지 않습니다.

아이들의 의심 프로세스

아이들은 보호받지 못하면 생명을 유지할 수 없습니다. 그래서 본능적으로 현재 내가 사랑받고 있는지 끊임없이 의심하죠. 이것을 저는 '의심 프로세스'라 부릅니다. 아이의 의심 프로세스는 24시간 풀가동합니다. 기본값이 '불신'이므로 아이는 언제나 의심의 눈초리를 보냅니다. 엄마가 설거지하는 모습을 지켜볼 때도, 잠을 뒤척이다가 슬쩍 눈을 떴을 때도 조금의 방심조차 용납하지 않고 부리나케 의심 프로세스를 작동하죠.

특히 예민한 감각을 가진 아이는 엄마의 표정, 목소리 변화, 엄마와의 물리적 거리만으로도 의심 프로세스를 작동하기 때문에 더욱 힘듭니다. 엄마가 잠시만 무표정해도 "엄마, 화났어?" 하고 묻거나, 밥 먹으라는 엄마 목소리가 냉정하다며 짜증을 냅니다. 비교적 둔

감한 아이라 해도 오해가 쌓이면 어떤 식으로든 문제가 나타납니다. 반응이 늦을 뿐이죠.

동생이 태어나도 전혀 질투하지 않고 어린이집에도 하루 만에 적응하여 이런 아이라면 열 명도 키우겠다고 주변의 부러움을 사던 다섯 살 여자아이의 부모님이 찾아왔습니다. 얼마 전부터 어린이집에서 갑자기 엄마가 보고 싶다며 울어대고, 하루에도 여러 번 "엄마, 나 사랑해?"라고 묻기를 반복하는 행동으로 부모님의 걱정이 커진 상태였죠. 엄마는 특별히 달라진 상황은 없다고 했습니다. 작은 변화라면 엄마가 다시 일하기 시작하면서 하원 시각이 한 시간 늦어진 것뿐이었죠.

저는 이 이야기를 듣고 나비효과가 떠올랐습니다. 엄마 입장에서는 겨우 한 시간 늦게 하원시켰을 뿐이지만, 아이에게는 나비의 작은 날갯짓이 지구 반대편에 태풍을 불러일으키듯 아주 많은 변화로 다가왔을 것입니다. 자신보다 늦게 집에 가던 친구가 먼저 제 엄마를 만나 하원해버리고, 업무를 마치고 자기를 데리러 온 엄마 얼굴에는 지친 표정이 역력하며, 평소보다 빠듯한 시간 때문에 집에서도 엄마는 뒷모습만 보인 채 저녁을 준비하기 바쁘고…… 이 모든 변화가 아이의 의심 프로세스를 작동하기에 충분했습니다. 그러니 아이는 "엄마, 나 사랑해?" 하고 자꾸만 사랑을 확인하죠. 엄마가 아무리 "그럼~!" 하고 적극적으로 대답해줘도 날마다 의심스러운 상황이 반복되어 아이는 지쳤을 것입니다. 이젠 어린이집에서도 엄마 생각을 하느라 놀이에 집중할 수 없는 지경에 이른 것이죠.

고작 한 시간 늦어진 하원으로도 이런 상황으로 치달으니 엄마는 바깥일도 하지 말고 자기 시간도 없이 집에서 아이만 쳐다보라는 말이 아닙니다. 오히려 부모가 자신만의 시간을 가져야 아이와도 양질의 상호작용을 할 수 있어요. 부모와 아이가 서로 원하는 바를 충족하면서도 관계의 질을 높이는 방법은 차차 얘기하겠습니다. 여기에서 알아야 할 점은 아이들의 의심 프로세스는 부모의 짐작 이상으로 섬세하고, 상상력은 드라마 작가를 뛰어넘으며, 그렇게 상상한 것을 직관적인 사고로 현실이라 믿어버리기도 한다는 것입니다.

유아기 아이들의 사고법

인지발달이론가인 장 피아제(Jean Piaget)에 따르면 유아기 아이들은 직관적으로 사고합니다. 원인과 결과를 예측해서 결과를 도출하는 것이 아니라 한 가지 사실에만 근거해서 상황을 판단한다는 것입니다. 엄마와 아빠가 다퉈서 엄마의 기분이 좋지 않다는 생각을 하지 못하고, 그 순간 엄마의 표정만 보고서 '엄마는 나를 미워해'라고 생각한다는 것이죠. 그래서 아무리 "모르는 사람을 따라가면 안 돼!"라고 알려줘도 아이들은 친절하게 다가오는 사람을 보면 그 '친절함'에 경계심을 풀고 '착한 사람이야'라고 생각하기 쉽습니다.

직관적인 사고는 아이들의 창의성 발달과도 이어집니다. 원인과 결과를 논리적으로 연결하는 것이 아니라 자기 머릿속에 생각나는 대로 작은 단서들을 연결하기 때문에 재미있는 생각이 도출됩니다. 하지만 이런 사고의 특성이 부모에 대해 생각할 때도 적용되고, 화난 엄마 표정만 근거로 버림받았다는 독특한 발상도 하게 되는 것입니다.

평소에 확실하게 사랑을 표현해왔다면 아이는 웬만한 일에 흔들리지 않을 것입니다. 하지만 한 번 의심의 씨앗이 싹트면 우리 육아가 힘들어집니다. 사랑만 받으면 좋으련만 의심도 동시에 받고 있으니까요. 하지만 희망이 있습니다. 아이들의 사고는 단순하기 때문입니다. 작은 일에도 오해하는 만큼 작은 사랑의 표현에도 "역시 우리 엄마!" 하면서 이전 모습을 되찾을 것입니다.

아이가 부모의 사랑을 의심하면

아이가 "엄마, 나 사랑해?" 하고 묻는다면 어떻게 대답하시겠습니까? "그럼 당연하지!" 보통의 답은 이렇습니다. 아이가 그냥 물어볼 수도 있지만 반복해서 물어보거나 그 대답이 시원찮을 때 짜증을 낸다면 부모의 사랑을 확인하고 싶은 것입니다.

만약 연인 관계에서 "나 사랑해?"라고 물었는데 상대가 똑같이 "그럼 당연하지"라고 구태의연하게 말하면 어떤가요? 그냥 물어본 것이고, 상대를 의심하지 않는 상태라면 괜찮습니다. 그런데 이미 의심하고 있는 상태에서 물었는데 그런 대답이 돌아온다면 과연 믿음이 갈까요?

사랑하는 관계를 이어가고 싶다면 왜 그렇게 물어보는지, 사랑을 확인하는 질문의 의미가 궁금해야 합니다. "요즘 내가 안 좋아하는 것 같아?" 하고 구체적으로 되물어서 오해를 풀어주고, '나는 이만큼 너를 사랑하고 있어'를 알려주려고 노력해야 합니다.

딸아이가 네 살일 무렵, 엘리베이터로 이동하는 중에 휴대폰 메시지를 확인하는데 느닷없이 "엄마 화났어!"라는 소리가 들렸습니다. "엄마, 화났어?"라고 묻는 것도 아니고 아예 단정해버리더군요. 긴장한 표정으로 제 반응을 기다리는 아이에게 몸을 낮추고 눈을 맞추며 이렇게 얘기했습니다. "엄마, 화 안 났어~ 엄마 좀 봐봐! 화났는데 이렇게 춤추는 사람 봤어? 못 봤지? 엄마, 화 안 났으니까 걱정하지 마, 우리 딸." 저는 일부러 과장되게 춤까지 춰가며 화나지 않았다는 사실을 적극적으로 해명했죠. 아이의 오해는 어떻게든 그 순간에 풀어주는 것이 좋으니까요.

만약 그렇게 제대로 오해를 풀지 않고 "엄마가 왜 화나? 화 안 났어. 빨리 어린이집에나 가자"라고 얘기하는 데 그쳤다면 아이는 가동된 의심 프로세스를 계속 작동하면서 '엄마가 왜 화난 표정을 지었지? 나를 미워하나? 그러고 보니 아침에 초콜릿도 안 주고!'라면서 의심의 씨앗을 점점 키워나갔을지 모릅니다.

아이의 마음속에 도사린 의심의 씨앗은 아이를 훈육할 때 더욱 생명력을 가집니다. 딸아이도 제가 훈육할 때 "그래서 엄마가 나를 미워하는 거야?"라고 묻곤 했습니다. 물론 "그래, 미워!"라고 소리치고 싶은 순간도 많았지만 꾹 참았습니다. 그랬다가는 괜한 오해를 만들어 이후의 육아에도 악영향을 미칠 테니까요. 그럴 때는 "너를 미워하지 않아. 엄마가 너를 사랑하기 때문에 알려주려는 거야. 우리 딸이 이가 아프면 엄마 마음도 아프니까 얘기하는 거야" 하고 단호함은 유지한 상태에서 엄마가 얼마나 너를 사랑하는지 확인시킵니다.

아이들은 조망 수용 능력이 부족하여 타인의 입장에서 공감하고 상황을 추론하기가 어렵습니다. 아이가 의심한다면 부모가 왜 그런 행동을 보였는지 구체적으로 설명해줘야 합니다. 아이의 의심이 아무리 사소하게 느껴지더라도 그렇게 표출한 시점에 더욱 사랑을 표현하면서 그렇지 않다는 사실을 확인시키고 의심의 씨앗을 믿음의 씨앗으로 바꿔주세요.

아이가 보내는 애착 위험 신호

다행히도 아이들은 "엄마, 내가 힘들어요. 나를 사랑해주세요"라는 신호를 보냅니다. 아이에게 이런 신호가 나타난다면 부모의 사랑을 의심받고 있다는 위험 징후이니 아이와의 애정성을 높이는 데 각별히 신경 써주세요. 아예 의심의 씨앗이 더는 자라나지 못하도록 처음부터 싹을 도려내야 합니다. 하지만 다음과 같은 모습을 모두 애정성으로 귀결시킬 수는 없으므로 애정성과 관계없이 비슷한 모습을 보이는 경우도 함께 언급해둡니다.

불안

아이들은 부모의 사랑이 충분히 느껴져야 세상을 안정적으로 탐색해나갑니다. 최근 들어 아이가 갑자기 더욱 예민해지거나 불안해한다면 따뜻한 애정 표현이 부족하지는 않았는지, 자주 다그치지는 않았는지 돌아보세요.

▶▶평소에 사랑을 충분히 표현하더라도 기질에 따라 환경이 바뀌거나 자극이 많은 상황에서 불안감을 느끼는 아이들이 있습니다. 문제 상황에서 아이에게 끌려다니는 부모도 애정성과 관계없이 불안감을 더욱 키웁니다.

무반응

부모의 사랑을 받아보고 그게 무엇인지 아는 아이는 그 표현법을 모방하여 먼저 부모에게 다가갑니다. 부모가 스킨십을 하면서 애정 표현을 해도 아이의 표정에 아무 변화가 없거나 아이가 먼저 다가와 안기지 않는다면 어린 시기부터 아이에게 다가가는 부모의 스킨십이 부족하지 않았는지 돌아봐야 합니다.

▶▶촉각이 예민한 아이도 스킨십을 거부하는 모습을 보일 수 있습니다. 이런 아이는 예상치 못한 상태에서 다른 사람이 갑자기 스킨십을 해오면 두려움을 느낍니다. 눈맞춤이나 하이파이브처럼 신체 접촉이 적은 스킨십을 통해 마음의 문을 열어주세요. 또한 아이가 놀이에 몰입하고 있을 때 스킨십을 할 경우에도 부모의 스킨십을 놀이의 방해 요인으로 인식하여 거부할

수 있습니다.

우울

아이에게 세상은 더 알고 싶고, 더 즐기고 싶은 것으로 가득한 곳이어야 합니다. 하루하루 매 순간이 즐겁기 때문에 심하게 떼쓰는 잠깐을 제외하고 아이의 표정은 웃음으로 표현돼야 합니다. 아이가 침울한 표정으로 평소에 즐거워하던 활동에 관심을 보이지 않는다면, 의욕이 없고 온종일 날카로운 가시처럼 짜증만 부리고 있다면 아이의 마음을 슬프게 만드는 원인이 부모의 애정 표현에 있는 것은 아닌지 점검하세요.

▶▶연령에 따라 또래 관계가 나빠지거나 자신감을 상실한 경험도 아이의 감정에 영향을 줄 수 있습니다.

분노

아이가 작은 일에도 참지 못하고 폭발하며, 매사에 날을 세우고 "엄마, 미워", "싫어!"라는 말을 자주 한다면 아이에 대한 사랑을 표현하는 데 많이 신경 써야 합니다. 아이가 기댈 곳이라고는 부모밖에 없는데 자신이 원하는 만큼 부모의 애정이 느껴지지 않으니 화가 나는 것입니다. 특히 형제자매가 있을 때 부모의 일순위가 나 아닌 다른 형제라고 인지한다면 이런 모습은 더욱 두드러집니다.

▶▶허용적인 부모 슬하에서 양육된 아이가 욕구를 좌절당하면 크게 분노하는 경향이 있습니다. 부모가 충분히 사랑을 표현하는데도 아이가 분노의

떼쓰기를 일삼는다면 이것은 단호한 훈육의 문제입니다.

사랑 확인

아이가 자신을 사랑하는지, 형제자매 중 누구를 더 좋아하는지 자꾸만 묻고, 자기가 원하는 대답을 듣지 못했을 때 짜증을 내거나, 원하는 대답을 들어도 만족하지 못한다면 적극적인 애정 표현을 통해 아이의 오해를 풀어주세요. 사랑을 확인한다는 것은 아이가 부모와의 관계를 불안해한다는 뜻이며, 아이는 그렇게라도 확인해야만 그 순간 편안함을 느끼기 때문입니다.

▶▶긍정적인 분위기에서 아이가 웃는 얼굴로 "엄마한테는 내가 몇 번째 사랑이야?" 혹은 "엄마는 내가 예뻐? 안 예뻐?"라고 물으며 엄마의 대답에 꼬투리를 잡지 않고 만족스러운 표정을 짓는다면 자연스러운 반응입니다.

인정 욕구

집에서는 통제가 어렵고 문제 행동이 많이 나타나는데 기관에서는 모범생처럼 생활한다면 아이가 사랑받기 위해 자기 욕구를 억누르는 것은 아닌지 살펴보세요. 사랑이 필요한 아이들은 자신이 무엇을 잘했는지 반복적으로 확인하고, 외적 보상이 없어도 관심과 칭찬을 받기 위해 행동합니다. 특히 부모가 아닌 타인에게 이런 모습을 자주 드러냅니다.

▶▶모든 아이는 주인공이 되고 싶어 하고, 무엇이든 잘하고 싶어 합니다. 특히 자신이 가장 사랑하는 부모에게 인정받고 싶은 욕구가 크기 때문에

부모가 평가의 말이나 결과 중심의 칭찬을 많이 한 경우에도 이런 모습을 보입니다.

집착

부모의 사랑이 충분하면 아이는 타인과의 관계에서 아쉬울 것이 없습니다. 하지만 사랑이 부족할 때는 부모 이외의 타인한테 지나치게 집착하죠. 또한 대부분의 사람과 갈등하기는 해도 좋아하는 친구나 선생님에게는 많은 것을 양보하고, 그 친구가 자신과 놀아주지 않거나 선생님이 다른 친구에게 관심을 보이면 크게 상심합니다.

▶▶기질적으로 사람을 좋아하고 주도적으로 상황을 이끌려는 아이들도 타인의 관심이 멀어질 때 힘들어하고, 타인과의 관계에 집착하는 모습을 보일 수 있습니다.

아이와 부모, 누가 더 사랑할까?

불안도 분노도 결국 사랑이다

"아이들을 버리고 도망가고 싶어요."

몇 해 전에 두 아이에게서 도망치고 싶다는 엄마를 만났습니다. 그 이유는 첫째가 밥을 안 먹어서 힘든데 둘째까지 밥투정이 심해서 너무 힘들다는 것이었어요. 지긋지긋하게 밥 안 먹는 아이를 키워본 부모라면 하루 세끼 매일 이어지는 밥과의 전쟁이 얼마나 정서적으로 힘든 과정인지 공감합니다. 하지만 밥 때문에 아이를 버리고 싶다니…… 엄마는 정말로 아이를 버리고 싶은 걸까요?

아이만 보면 화가 난다는 부모님과도 상담했습니다. 특히 친구들에게 양보를 안 하고 배려심 없는 모습을 보일 때 더욱 화가 난다고 했습니다. "아이가 친구들에게 양보해야 하는 이유는 무엇인가요?"

제가 물었습니다. 엄마는 "양보를 배워야 다른 사람과 갈등하지 않고, 배려심이 있어야 사회생활도 잘하니까요"라고 대답했죠. 엄마는 아이가 싫어서 화나는 게 아니라 아이의 사회성이 고민스러웠던 것입니다.

직장 동료가 날마다 술을 마신다고 화내는 사람은 없습니다. 남편이 매일 술을 마신다면 이야기는 달라지죠. 애정이 있으니까 화도 납니다. 부모와 자녀 관계도 마찬가지예요. 옆집 아이가 밥을 안 먹는다고 영양 불균형으로 키가 안 클까 불안해하지 않습니다. 이렇게 엄마들이 화나고 불안한 이유는 아이를 사랑하기 때문이에요. 밥 안 먹는 아이를 두고서 도망가고 싶다면 그만큼 잘 먹이고 싶다는 뜻이고, 배려 없는 아이에게 화가 솟구친다면 아이의 사회성이 몹시 걱정되는 것입니다. 부모의 모든 마음이 사랑에서 출발한다는 점을 잊지 마세요.

아이에게 계속 화가 나는 이유

어느 엄마는 가방끈을 돌리며 쭈뼛거리는 아들을 보자 갑자기 화가 치밀어 올랐습니다. 모르는 사람과 있어서 불편하고 자신감 없을 때 나오는 그 행동은 엄마 자신을 꼭 닮은 습관이었죠. 엄마는 어린 시절에 이렇게 가방끈을 돌릴 때면 호되게 혼나곤 했습니다. 기질적으로 부끄러움이 많아 그렇게 행동했을 뿐인데 '너는 도대체 왜 그러니?'의 관점에서 부모에게 지적받은 것입니다.

이렇게 타고난 기질적 특성에 대해 내 부모로부터 지적받으면 아이는 '부끄러워하는 것은 잘못이야', '자신감 없는 모습은 창피한 거야' 하고 자기 존재를 부정적으로 인식합니다. 이런 부정적 인식은 성인이 되어서도 이어지기 쉽습니다. 자기 강점은 보지 않고 '나는 왜 이럴까? 왜 내 생각도 말하지 못할까?' 하면서 남들에 비해 부족한 모습에만 집중하죠.

부모가 된 후에는 아이가 나와 같은 모습을 보일 때 불안하고 화가 납니다. 사랑하는 아이가 나처럼 불편하고 별로인 삶을 살게 될까 봐 걱정이 앞서니까요. 아이라도 그런 기질을 극복하게 도와주고 싶지만, 부모 역시 극복해본 적이 없기에 어떻게 도와줘야 하는지 몰라서 내 부모가 나에게 했던 실수를 그대로 되풀이하는 오류를 범하게 됩니다.

어린 시절에 부끄러워 가방끈을 돌리고 있을 때 원부모가 "우리 딸, 뭐 해? 엄마 옆으로 와. 처음 보는 이모지?"라고 말해줬다면 어땠을까요? 집으로 돌아가면서 "엄마도 처음 보는 사람이랑 있으면 엄청 부끄럽더라. 그런데 두 번 만나면 조금 괜찮아지고, 세 번 만나면 아주 편해져. 처음 만날 때부터 너무 친한 척하면 엄마는 좀 불편해. 우리 딸도 엄마랑 똑같네?" 하면서 '지금 네가 느끼는 감정은 자연스러운 거야'라고 말해줬다면, 그리고 같은 사람을 두 번째 만났을 때 "오늘은 별로 부끄러워하지 않고 이모랑 하이파이브도 했지? 다음에 다시 만나면 재미있는 이야기도 할 수 있겠다" 하고 성공 경험을 만들어줬다면요?

아이의 행동에 화가 나고 미워 보이기까지 한다면 그것은 아이가 미운 것이 아니라 나 자신이 싫은 것은 아닌지 생각해봐야 합니다. 아이가 정리를 안 할 때 특히 화난다면 어릴 때 정리하지 않아서 크게 혼난 적이 있는지, 아이가 쭈뼛거릴 때마다 또래 관계가 힘들었던 나의 모습이 떠올라 다그치는 것은 아닌지 생각해보세요. 그리고 이유를 찾았다면 어린 시절의 나한테 얘기해주세요. "정리 못할 수도 있지. 여덟 살짜리가 그만큼 노력했으면 잘한 거야." "처음 만나는 친구니까 어색한 거야. 천천히 친해져도 괜찮아." 내가 인정하기 싫은 나의 모습을 내가 다독이고 사랑해줘야 "엄마가 도와줄게. 이렇게 정리하니까 깨끗해지지?", "마음을 표현하는 방법은 다양해. 친구에게 말하기가 어렵다면 그림을 그리거나 편지를 쓸 수 있어" 하고 내 아이에게 얘기할 수 있습니다.

아이의 기질을 바꾸려 하지 마세요

감각, 특히 청각 자극에 극도로 예민하여 일상생활이 어렵다는 네 살 아이가 찾아왔습니다. 아이는 스피커의 큰 소리 때문에 문화센터 선생님에게 다가가지 못했고, 많은 사람이 웅성거리는 소리나 친구들이 질러대는 소리도 아이의 불안을 자극했죠. 부모님 두 분 중에서 청각에 예민한 사람은 아빠였습니다. 아빠는 시계 초침 소리가 불편하여 집에 있는 바늘 시계를 전부 없애버릴 정도였습니다.

아이가 불편함을 표현할 때 괜찮다며 짜증 내지 말라고 하는 것은 시계가 있는 방에 아빠를 가두고 견디라는 것과 같습니다. 어른인 아빠는 스스로 시곗바늘을 멈추면 되지만 아이는 그럴 수 없어요. 어쩌면 시계 때문에 불편함을 느낀다는 사실조차, 더 나아가 시계가 무엇인지조차 모를 수 있습니다. 내가 왜 불편한지 그 이유를 모르면 실체 없는 불안은 더욱 강화되죠.

한 엄마는 아이가 남편을 닮아서 산만하다면서 남편과 사이가 좋지 않으면 특히 더 미워 보인다고 했습니다. 하지만 상담을 진행하면서 엄마도 집안일을 비롯해 이런저런 이유로 한시도 자리에 앉아 있지 않는다는 사실을 알게 됐죠. 아빠뿐만 아니라 엄마의 기질도 활동적이었고, 두 부모의 유전자가 아이를 움직일 수밖에 없게 만든 것입니다.

이처럼 아이의 기질은 부모에게 물려받아 형성됩니다. 태어나보니 청각이 예민하고 나도 모르게 자꾸 움직이게 되는 것인데 나를 낳아준 엄마, 아빠가 "너는 왜 그러니?"라고 묻는다면 아이는 당황스럽습니다. 기질은 바꿀 수 없어요. 하지만 어떤 환경이 주어지는가에 따라 성격은 달라집니다.

예를 들어 비뚤게 주차했을 때 불편한 마음이 드는 것은 기질의 영향입니다. 누군가는 엘리베이터를 타고 올라가다가도 다시 내려와 똑바로 주차하겠죠. 하지만 같은 기질이라 해도 '어쩔 수 없지, 뭐'라고 생각하면서 제 갈 길을 내처 가는 사람도 있습니다. 같은 상황에 똑같이 불편함을 느끼지만 그 반응이 다른 것이죠. 우리는 이를 성격이라고 부릅니다. 이처럼 기질이 같은 두 사람의 성격이 다른 이유는 어린 시절 타고난 기질에 대한 부모의 반응이 달랐기 때문입니다.

아이의 기질을 바꾸려 하지 마세요. 아이의 기질에 대한 부모의 반응을 바꿔야 합니다. 아이의 기질이 마음에 들지 않는다고요? 아이는 자기 기질을 스스로 선택한 것이 아닙니다. 아이는 부모를 선택할 수 없고, 외모는 물론 성별도 기질도 모두 부모에게 받은 그대로 태어납니다. 아이 자신이 정한 것이라고는 아무것도 없는데 그런 이유로 부모가 비난한다면 그것은 아이의 존재를 부정하는 것입니다. 존재를 부정당할수록 아이는 약점을 극복하기보다 약점에 빠져서 자기 자신을 사랑하는 방법을 배우지 못합니다. 있는 그대로 아이의 모습을 사랑해주세요. 아이는 태어난 자체만으로 사랑받아야 합니다.

정말로 다 아이를 위한 일이라고요?

제 딸아이는 신생아 때부터 먹는 양이 적었습니다. 모유는 넘치는데 아이가 잘 빨지 않으니 젖몸살이 극심했고, 젖병까지 심하게 거부했죠. 그때는 수유 어플 같은 것도 따로 없을 때라 저는 매일매일 아이가 먹은 양을 적어가며 스트레스를 받았습니다. 이유식도 마찬가지여서 제가 열심히 만들어도 남기는 게 반이었어요. 유아식도 밥만 먹는 시기, 반찬만 먹는 시기, 아예 안 먹는 시기, 안 삼키는 시기…… 정말로 식사를 거부하는 유형을 다양하게도 선보이며 저를 단련시켰습니다. 그때마다 이런저런 방법을 총동원하여 문제를 해결해나갔지만, 언제나 늘지 않는 아이의 몸무게는 제 발목을 붙잡았습니다.

그러던 어느 월요일, 평일에 아이를 돌봐주시던 친정 엄마에게서 "주말 사이에 아이의 볼살이 쪽 빠졌네"라는 메시지가 왔습니다. 엄마의 말인즉, 주말에 제가 아이를 잘 못 먹여서 살이 빠졌다는 이야기였습니다. 그 순간, 제 기분이 확 상하면서 불안한 마음이 올라왔습니다. 보통은 아이가 할머니 집에서 아침밥과 점심밥을 먹기 때문에 저녁밥은 가볍게 지어서 먹이는 편이었는데, 이날만큼은 굳이 퇴근길에 식재료를 잔뜩 사 와서 집에 도착하자마자 아이를 두고 요리를 시작했습니다.

엄마가 평소와 다르다는 것을 느껴서일까요, 아이가 유난히 칭얼거렸습니다. "엄마가 지금 요리하고 있잖아. 저기 가서 놀고 있어." 제 입에서 거부적 표현이 자동으로 나왔고, 아이는 점점 떼를 썼죠. 아이의 울음소리를 억지로 참으면서 듣고 있자니 너무 화났습니다. 결국 제 몸속 깊은 곳에서 화산이 폭발하는 듯 소리치고 말았습니다. 한 번 터진 화산은 멈춰지지도 않았어요. "너! 엄마가 기다리라고 했지!! 네가 좋아하는 장조림을 엄마가 지금 만들고 있잖아!!! 안 먹을 거야? 그럼 먹지 마, 먹지 마!!!!"

저한테도 그런 짐승 같은 목소리가 있는지 처음 알았어요. 제가 지르는 소리에 저도 같이 놀랐습니다. 그럼 아이는 어땠을까요? 울음을 멈춘 채 저를 쳐다보며 눈을 껌벅이고 있었습니다. 환경 변화에 예민한 탓에 기관에 적응하면서 아이에게 눈 깜빡임 증상이 찾아왔고, 열성을 다하여 겨우 고쳐놓은 터였는데 제 큰소리 한 번에 다시 나타난 것이죠. 눈을 껌벅이는 아이를 보자 제정신이 돌아오더군요.

'내가 아이를 존중하지 않는구나. 이렇게 밑바닥 모습을 보여도 아이는 나를 사랑해줄 테니 함부로 대해도 된다고 생각하는구나.' 아이에게 미안한 마음이 드는 동시에 몹시 슬퍼졌습니다. 아이를 잘 먹여야 한다는 그 생각 때문에 내가 그토록 사랑하는 아이에게 상처를 줬으니까요.

엄마의 머릿속은 아이에 대한 생각으로 가득합니다. 어떤 옷을 입힐까? 무슨 책을 살까? 어떤 교육을 시킬까? 오늘 저녁에는 무엇으로 잘 먹일까? 어디로 여행을 데려갈까? 이것들을 아이에게 다 해주기 위해서는 돈이 필요하지. 일을 해야 돼. 정보도 찾아야 해. 엄마는 아이를 위해 인터넷 검색을 시작하죠.

아이의 머릿속도 엄마에 대한 생각으로 가득합니다. 엄마, 뭐 해? 엄마, 어디 있어? 엄마, 언제 와? 엄마, 언제 놀아줄 거야? 엄마, 안아줘! 엄마, 나를 좀 봐줘! 엄마, 나랑 놀자! 오로지 엄마! 엄마! 엄마!

엄마와 아이가 서로 사랑한다는 점은 변하지 않는 사실입니다. 하지만 두 사람이 표현하는 사랑의 언어가 어긋나면 오해가 쌓이죠. 아이를 위해 밥도 먹여야 하고, 교육도 시켜야 하고, 일도 해야 한다면 '다 너를 위한 일인데 왜 이해를 못 하니?'의 관점으로 접근하지 마세요. 엄마가 지금 그런 행동을 왜 하는지 아이의 눈높이에서 반복적으로 표현해줘야 합니다.

예를 들어 아이를 위해 요리를 하고 있다면 "엄마는 우리 딸이 장조림을 먹고 쑥쑥쑥 크면 같이 높은 그네를 타고 싶어", "어머머머, 장조림을 빨리 만들어야겠다. 빨리 먹고 같이 그네 타러 가자"라고 얘기해주는 겁니다. 아이가 어려서 대화가 안 된다면 의성어와 의태어를 더 많이 섞어주세요. "맛있는 장조림 냠냠냠냠냠." "장조림 냠냠냠 먹고 슝슝 그네 타자." "장조림 먹고? 그네 타고! 냠냠냠 먹고? 슝슝 하러 갈 사람?" 아이가 대답하지 않아도 혼자 "여기 있어요!" 하면서 북 치고 장구 치고 어쨌든 엄마가 요리하는 이유가 아이와 연결되어 있다는 사실을 막연하게라도 전하는 노력이 필요합니다.

'내가 요리 하나 하면서 이렇게까지 설명해야 하나?' 하고 생각할 수 있습니다. 그럴 수 있어요. 다만 아이가 불필요한 오해를 해서 나중에 풀어야 할 상황이 생기는 게 싫다면, 아이와의 관계를 긍정적으로 이끌고 싶다면, 엄마표 요리를 꼭 아이에게 먹이고 싶다면 그렇게 해야 합니다. 그것은 엄마의 선택이에요. 아이가 시킨 게 아니니까요. 아이는 그냥 엄마와 마주 앉아 놀이를 하고 싶은 것뿐이니까요.

조건 없는 아이의 사랑

골고루 먹으면 좋겠다, 리더십을 갖추면 좋겠다, 배려심이 깊으면 좋겠다, 책을 가까이하면 좋겠다…… 부모는 아이가 행복하기를 바라는 마음에서 여러 기대를 합니다. 하지만 이 모든 것은 조건이에요.

아이들은 우리에게 어떤 조건도 바라지 않습니다. 엄마가 간식을 줘야 사랑해줄 거야, 엄마가 화장해야 예뻐할 거야, 엄마가 동영상을 틀어줘야 좋아할 거야…… 이런 조건을 달지 않아요.

물론 맛있는 간식을 주고 재미있는 동영상을 보여주면 아이도 좋아합니다. 하지만 간식을 안 준다고, 동영상을 안 보여준다고 엄마를 미워하지는 않아요. 아이가 "엄마 미워!"라고 말하는 것은 간식을 먹고 싶고, 동영상을 보고 싶은데 그렇게 못 할 때 욕구 좌절을 표현하는 것일 뿐입니다.

우리가 데이트를 할 때마다 머리도 안 감은 채 늘어진 옷을 입고 대충 나간다면, 밥을 먹는 동안 스마트폰만 쳐다보고 한 번씩 불같이 화내며 귀찮아하는 모습을 보인다면 그 관계를 계속 유지할 수 있을까요? 만약 그게 가능하다면 진짜 사랑이겠죠.

그런데 우리를 진짜 사랑해주는 사람이 여기에 있습니다. 바로 우리 아이들이에요.

엄마가 늘어진 옷을 입고서 기름진 머리로 안아줘도 엄마 품이면 됩니다. 하물며 미친 듯이 화낼 때도 "안아줘! 안아줘!"를 외치며 엄마만 찾으니까요. 아이들은 우리를 있는 그대로 사랑해줍니다.

우리는 아이들에게 누구와도 대체할 수 없는 사람, 바라보기만 해도 좋은 사람, 사랑만 주면 다 용서되는 사람입니다.

언제 어디에서 우리가 이렇게 조건 없는 사랑을 받아볼 수 있을까요? 아이가 주는 사랑을 마음껏 누리세요. 아이가 주는 사랑을 온전히 받아들이고 그에 화답해준다면 이 사랑은 계속될 것입니다.

나는 아이가 가장 사랑하는 사람이다.
나는 아이를 가장 사랑하는 사람이다.

아이는 지금의 나, 있는 그대로의 나를 사랑한다.
나는 지금의 아이, 있는 그대로의 모습을 사랑한다.

나는 아이가 그토록 원하는 단 한 사람이다.
아이는 내가 원하는 단 한 사람이다.

아이는 나를 다른 사람으로 대체할 수 없다.
나는 아이를 다른 사람으로 대체할 수 없다.

아이는 태어난 순간부터 나에게 집중해 있다.
나는 아이가 태어난 순간부터 아이에게 집중해 있다.

아이는 나의 목소리와 표정에 따라 함께 울고, 함께 웃는다.
나는 아이의 목소리와 표정에 따라 함께 울고, 함께 웃는다.

아이는 나를 미워하고 싶어도 미워할 수가 없다.
나는 아이를 미워하고 싶어도 미워할 수가 없다.

아이의 사랑은 앞으로도 변함없이 계속될 것이다.
내 사랑은 앞으로도 변함없이 계속될 것이다.

부모의 사랑이 제대로 전해지고 있을까?

애정성은 '엄마, 아빠가 나를 사랑하는구나' 하고 느껴지도록 부모가 표현하는 정도입니다. 애정성 점수가 높을수록 부모가 말과 행동으로 표현하는 사랑을 아이가 충분히 느낀다는 의미입니다. 다음 문항들을 읽고 여러분에게 해당하는 문항이 몇 개나 되는지 체크해보세요.

☐ 나는 아이에게 사랑한다고 말한다.
☐ 나는 아이를 보며 '아우, 귀여워', '너무 예뻐'라고 자주 표현한다.
☐ 나는 아이와 함께 있으면 웃을 일이 많다.
☐ 나는 아이가 얼마나 사랑스러운지 구체적으로 말해준다.
☐ 나는 아이와 살을 맞대고 있을 때 편안하다.
☐ 나는 아이의 눈을 오랜 시간 바라볼 수 있다.
☐ 나는 다른 일에 몰입하다가도 아이가 생각나면 다가가 안아준다.

- ☐ 나는 박수 치기나 하이파이브로 아이의 말과 행동에 반응한다.
- ☐ 나는 아이가 다가올 때 대부분 사랑스러움을 느낀다.
- ☐ 나는 아이와 헤어졌다가 다시 만나면 눈을 맞추고 스킨십을 한다.
- ☐ 나는 아이를 웃기는 방법을 알고 있다.
- ☐ 나는 아이가 노래를 부르고 춤을 추면 같이 따라 한다.
- ☐ 나는 아이가 기분이 좋을 때 함께 즐거워하며 이를 표현한다.
- ☐ 나는 아이와 함께 있는 시간이 기대되고 소중하다.
- ☐ 나는 아이를 안아주거나 다독거리며 뽀뽀한다.

★ 4개 이하

모태 솔로가 되고 만 아이, "스킨십이 뭔가요? 사랑이 뭔가요? 먹는 건가요?" … 부모의 사랑을 느끼는 상호작용을 거의 경험하지 못하다 보니 아이는 관계 맺기를 어려워합니다. 관계에 대한 욕구보다 자기 개인의 욕구에 집중하므로 떼를 쓸 때도 아이와 타협하기 어려운 특징이 있습니다.

★ 5~8개

짝사랑하는 아이, "부족해! 부족해! 받아도 받아도 부족하다고!" … 부모의 사랑을 느끼는 상호작용이 부족하여 아이는 교사나 친구 등 타인과의 관계에서 애정을 충족하려는 모습을 보입니다. 떼를 쓸 때 아이와 타협하기 어렵긴 하지만, 관계에 대한 욕구가 충족되면 개인의 욕구를 쉽게 포기하기도 합니다.

★ 9~12개

풋사랑 중인 아이, "엄마가 너무 좋아. (동생만 없으면 더 좋겠는데). 아빠, 나 사랑해? (그럼 회사에 가지 마!)" … 부모의 사랑을 느끼는 상호작용이 많기 때문에 아이는 부모뿐만 아니라 타인과도 안정적인 관계를 맺을 수 있습니다. 하지만 동생의 출산, 주 양육자의 복직, 지속적인 훈육 실패 등 외부 환경의 변화에 취약하여 부모의 사랑을 오해하기도 합니다.

★ 13개 이상……………………………………………………………………………
안정적인 사랑 속에 있는 아이, "역시 엄마, 아빠는 나를 사랑해! 나는 사랑받기 위해 태어난 존재야!"… 부모의 사랑을 느끼는 상호작용이 충분하여 부모나 타인과 안정적인 관계를 맺습니다. 외부 환경의 변화나 갈등을 겪더라도 아이는 관계에 대한 믿음이 탄탄하므로 이전 상태로 빠르게 돌아갈 수 있습니다.

Chapter
2

아이에게 독이 되는 사랑, 약이 되는 사랑

부모의 양육 신념과 양육 태도

애정성과 훈육이 좌우한다

부모가 자녀를 대하는 행동 양식을 양육 태도라고 합니다. 부모의 양육 태도는 크게 두 가지 축으로 구성됩니다. 그중 하나가 이 책에서 중요하게 다루는 애정성이고 다른 하나는 통제, 즉 훈육입니다.

애정성은 '나는 아이에게 사랑한다고 자주 말한다, 나는 아이와 함께 노래를 부른다, 나는 아이를 웃기는 행동을 자주 한다'와 같이 자녀에게 말과 행동으로 사랑을 표현하는 정도를 의미합니다. '아이에게 옳고 그름의 기준을 알려준다, 아이가 잘못된 행동을 했을 때 왜 그러면 안 되는지 이유를 설명한다, 아이가 바람직하게 행동하면 작은 일이라도 지나치지 않고 긍정적으로 반응해준다'와 같이 자녀가 세상을 살아갈 때 필요한 규칙을 안내하는 역할은 훈육을 뜻합니다.

다이애나 바움린드(Diana Baumrind)는 애정성과 훈육의 정도에 따라 부모의 양육 태도를 네 가지 유형으로 나누었습니다. 애정성이 높고 훈육이 결여된 유형을 '허용적 부모', 애정성이 낮고 훈육 강도가 높다면 '권위적(독재적) 부모', 애정성도 낮고 훈육도 결여되어 있다면 '방임형 부모', 애정성이 높고 훈육의 기준도 있다면 '권위 있는 (민주적) 부모'가 바로 그것입니다.

좀 더 쉽게 이해하기 위해서 애정성은 사랑하는 연인, 훈육은 여행 가이드에 비유해볼까요?

허용적인 부모는 연인이라고 치면 내가 원하는 대로 따라줘서 함께하기에 편안하고 즐겁지만, 때로는 만만하기도 한 존재입니다. 허용적인 부모가 여행 가이드로 나선다면 이미 익숙한 여행지를 운전해주면서 내 불편함을 대신 해결하는 정도의 역할에 그칠 뿐, 낯설고 위험한 곳을 여행할 때는 의지할 수 없습니다.

권위적(독재적)인 부모는 이런저런 조건이 좋아서 만나긴 하지만 언젠가는 벗어나고 싶은 대상, 눈치 보이게 만드는 연인과 같습니다. 여행에 대해 완벽하게 숙지하고는 있지만 자기 마음대로 여행 코스를 정해서 불쾌하게 만들므로 다음 여행에서는 함께하고 싶지 않은 가이드이기도 합니다.

방임하는 부모가 연인이라면 '너는 너, 나는 나'라는 태도로 일관하여 '도대체 왜 나를 만나는 거지?' 하고 서운하게 만듭니다. 여행 가이드라면 무성의하게 시간만 때우러 나온 것 같은 사람, 항의를 부르는 사람이랄까요?

마지막으로 권위 있는 (민주적) 부모는 연인에 비유하자면 제일 바람직한 유형으로, 사랑을 가장 적극적으로 표현하고 어려운 일이 생길 때 의지할 수 있습니다. 여행 내내 웃음을 주면서 궁금한 점이나 요구 사항이 있을 때 정확한 정보와 기준으로 안내해서 신뢰가 가는 가이드이기도 하죠.

부모라면 누구나 권위 있는 (민주적) 부모가 되기를 원할 것입니다. 하지만 그렇게 실천하기는 어렵죠. 우리는 왜 권위 있는 (민주적) 부모의 모습을 바라면서도 허용적 부모, 권위적(독재적) 부모, 방임형 부모의 행동을 취하는 걸까요? 그 이유는 부모의 양육 신념에서 찾을 수 있습니다.

아이의 현재 행동을 바꾸고 싶다면

양육 신념이란 부모로서 자녀를 어떻게 키울 것인가에 관하여 '좋은 부모란 친구 같은 부모이다'나 '공부 잘하는 아이로 키워야 한다'와 같이 부모 개인이 심리적으로, 인지적으로 드러내는 믿음 체계입니다. 이외에도 '아이는 자기감정을 잘 표현해야 한다'나 '아이에게 건강한 음식을 먹여야 한다' 등 부모마다 다양한 양육 신념을 보이죠.

이는 부모가 원부모에게서 물려받은 기질과 삶의 가치관 및 개인적 경험을 토대로 형성되는데, 같은 양육 신념이라 해도 그 형성 과정이 다를 수 있습니다. 예를 들어 '친구 같은 부모가 되어야 한다'라는 양육 신념의 경우도 진짜로 친구 같은 원부모 슬하에서 부모에 대한 긍정적인 마음으로 자연스레 형성되기도 하지만, 통제적인 부모 밑에서 자기감정을 억압하면서 친구 같은 부모를 동경했을 수도 있습니다. 실제로 '자기 장난감은 스스로 정리해야 한다'는 양육 신념으로 아이에게 지나치게 정리를 강조한 아빠는 어린 시절에 결벽증이 심한 아버지 밑에서 자랐고, '친구에게 자기 의견을 제대로 말해야 한다'는 양육 신념으로 아이의 사회성에 모든 관심이 쏠려 있던 엄마는 어린 시절에 친구들과의 관계로 많은 상처를 받았습니다.

이런 양육 신념은 곧 부모의 양육 태도로 발현되어 '친구 같은 부모'가 되어주려는 신념은 '함께 놀아주는 부모', '공부 잘하는 아이'로 키우려는 신념은 '학습에 집착하는 부모'의 모습을 만들죠. 하지만 그 같은 양육 신념이 언제나 부모의 양육 태도에 그대로 반영되는 것은 아닙니다.

아이에게 '화를 내지 않아야 한다'라는 양육 신념을 가진 부모도 분노 조절이 잘 안 되고, '사랑을 충분히 표현해야 한다'라는 양육 신념이 있지만 오히려 표현하기를 어려워하기도 하죠. 이런 경우에는 화를 내면 안 되는데 계속 내고, 사랑을 표현해야 하는데 그러지 못하는 자신을 발견하면서 더욱 좌절하고 죄책감을 느낍니다. 이처럼 부모의 양육 신념은 그대로 양육 태도로 이어질 때뿐만 아니라 이어지지 않을 때도 부모의 내면을 자극하여 결국 아이에게 영향을 줍니다.

부모들은 대개 아이의 생각이 궁금하고, 아이의 문제 행동을 바꾸고 싶어 합니다. 하지만 그럴수록 먼저 부모 자신의 양육 신념, 그리고 그로 인해 나타나는 애정성과 통제 수준을 살펴봐야 합니다. 모든 일에는 원인과 결과가 있듯, 아이의 문제 행동이 결과라면 부모가 어떤 양육 태도로 자녀를 대하고 있는지가 현재 아이의 행동을 설명하는 원인이기 때문입니다.

허용적 부모가 아낌없이 주기만 하는 사랑

허용적 부모…아이에게 많은 애정을 표현하면서 친밀한 관계를 유지하는 데 반해 아이의 행동을 가르치는 기준 없이 아이가 원하는 대로 맞춰주며 갈등을 회피하려는 특징이 있습니다.

정말로 다 받아줄 수 있나요?

허용적인 부모의 양육 신념에는 '아이의 감정을 읽어줘야 한다, 아이를 배려해야 한다, 아이를 독립적인 인격체로 대우해야 한다, 아이에게 화내지 않아야 한다' 등 좋은 부모라고 여겨지는 이상적 모습이 많았습니다. 하지만 말 그대로 이상일 뿐 여간해서는 도달하기 힘든 과제이죠.

허용적인 부모는 자신의 말 한마디로 아이에게 상처를 주지 않을까 걱정하고, 어쩌다 한 번 화를 냈다면 열 번의 노력은 잊은 채 아이 앞에서 무너져 폭발했던 그 한 번에 집중합니다. 스스로 너무 높은 기준을 설정하고 그 기준에 못 미칠 때 '나는 좋은 엄마가 아니야. 또 내 감정을 조절하는 데 실패했어' 하고 죄책감을 느끼죠. 그 같은 실패가 두려운 나머지, 아이와의 갈등을 피하게 되고, 문제를 감지하더라도 가능한 한 아이가 원하는 방향으로 배려하면서 더욱더 허용적인 양육 태도를 보입니다.

부모가 자기 말을 잘 들어주고, 화내지 않으며, 자신이 원하는 대로 배려해준다면 아이는 행복합니다. 문제는 아이가 원하는 것이 부모가 해줄 수 없는 위험한 일이거나 무리한 요구일 때 불거지죠.

30개월 아이가 부모코칭센터에 찾아왔습니다. 아이는 공룡 티셔츠를 너무나 좋아해서 항상 입고 있으려 했습니다. 어린이집에 갈 때는 물론이고 집에서 목욕한 후에도 이미 더러워진 공룡 옷을 입어야 했죠. 부모님은 갈등에 직면하는 대신 똑같은 옷을 사주려 했지만 안타깝게도 찾을 수 없었고요. 어쩔 수 없이 목욕 후에도 더러운 공룡 옷을 입힌 다음에 아이가 잠들면 세탁 후 건조해서 깨끗해진 옷을 다시 입혀놓았습니다.

여기까지는 좋았습니다. 부모님이 번거로움을 감수하면 어쨌든 해줄 수 있는 일이었거든요. 하지만 더 큰 문제가 발생했습니다. 가족이 함께 여행을 갔는데 물을 좋아하던 아이가 물에 안 들어가겠다고 떼쓰기 시작했습니다. 수영을 하면 공룡 옷이 젖어서 갈아입어야 하니까 아예 물놀이를 거부한 것입니다. '공룡 옷을 꼭 입어야 해'라는 아이의 생각을 존중했더니 아이는 더 나아가 '공룡 옷을 벗으면 위험해'라는 생각의 틀을 만들어버린 것입니다.

우리는 '공룡 옷이 아니어도 멋있어'로 아이의 생각을 바꾸기 위해 부단히 노력했습니다. 처음에는 공룡 옷을 더 큰 형님이 될 때까지 오래 입으려면 빨아야 한다는 점을 아이에게 알렸습니다. 그 후에는 아이가 울더라도 세탁하고 바로 건조해서 입혀줬죠. 아이는 내내 울음을 멈추지 않고 악을 쓰면서 힘들어했습니다.

그동안 허용하던 것을 갑자기 통제하면서 규칙을 바꿀 때 아이는 분노합니다. 내가 누리던 것을 갑자기 앗아 가면 누가 순순히 받아들일까요? 태어날 때부터 왕이었고, 누구나 내 말을 따랐는데 갑자기 신하들이 "아니 되옵니다!"를 외치면 어떨까요? 왕의 분노와 배신감은 극으로 치닫습니다.

특히 허용적인 부모의 자녀는 부모의 사랑을 공감과 배려로 학습했기 때문에 부모가 단호한 훈육을 할 때 더욱 크게 분노하며 서운해합니다. 하지만 아무리 허용적인 부모라 해도 아이의 건강과 안전을 위협하는 일까지 그대로 내버려둘 수는 없습니다. 부모가 해줄 수 있는 것만 아이가 요구한다면 좋겠지만 그것은 부모의 바람일 뿐이죠.

지나친 배려의 역효과

아이들이 부모코칭센터에 오면 놀이 공간에 두고 부모님은 저와 상담을 하는데요, 일부러 문을 열어놓아 아이들이 원할 때마다 부모님을 찾을 수 있도록 합니다. 같은 상황이지만 아이들의 반응은 제각기 다릅니다. 상담을 진행하는 2시간 동안 한시도 부모와 떨어지지 않으려는 아이도 있고, 단 한 번도 부모를 찾지 않고 혼자서 노는 아이도 있고, 부모에게 나가서 놀자고 떼쓰는 아이도 있습니다. 그때마다 저는 "오늘은 엄마가 너랑 놀이하는 방법을 배우러 오셨어. 기다려야 돼"라고 말하면서 상담실 안에 앉아 있을지, 밖에서 재미있게 놀지 아이에게 선택하도록 합니다. 이때 부모와 아이의 반응을 지켜보면서 부모님의 실제 양육 태도도 살펴봅니다.

다섯 살 은준이가 엄마와 함께 부모코칭센터에 방문했습니다. 결혼 5년 차에 너무나 기다리던 아이가 찾아와서 배려 속에 자랐다고 했습니다. 최근에 아이의 고집이 세져서 부모코칭센터를 찾았지만, 그동안에는 크게 훈육할 일도 별로 없었죠.

이날도 아이는 엄마와 분리된 공간에서 놀이를 시작했으며, 엄마와 저는 상담하고 있었습니다. 몇 분이 채 지나지 않아서 엄마를 찾는 은준이의 목소리가 들려왔습니다.

부모코칭센터 밖으로 기찻길이 보이는데 평소에 기차를 좋아하던 은준이가 이를 발견하고 신나서 "엄마, 기차가 왔어요!" 하고 같이 보자며 엄마를 부른 것이었죠. 하지만 엄마는 은준이한테 가는 대신에 "엄마, 여기 있어. 은준이가 엄마한테 와봐"라고 말했고, 은준이는 몇 차례 더 엄마를 부르다가 상담실로 들어왔습니다. 엄마는 제 안내에 따라 "엄마는 오늘 여기에서 은준이랑 놀이하는 법을 배워야 해. 지금은 같이 기차를 보러 나갈 수 없어"를 반복해서 얘기했습니다.

평소와 다른 엄마의 반응에 은준이는 당황한 눈치였습니다. 차라리 분노하며 떼를 쓰면 단호하게 훈육이라도 할 텐데, 아이는 엄마 앞에서 하염없이 눈물을 흘렸죠. 엄마가 당혹스러운 모습으로 잠깐만 기차를 봐주고 들어와도 되겠냐고 물었지만, 저는 우선 이대로 아이의 반응을 더 지켜보겠다고 말씀드렸습니다. 엄마는 다시 "오늘은 엄마가 여기에 있어야 돼. 기차는 이따가 나가면서 같이 보자"라고 은준이를 달랬습니다.

그러자 아이의 반응이 달라지기 시작했습니다. 엄마가 자기 요구를 따라줄 기미가 없자 은준이는 소리를 지르며 엄마를 때리기 시작했죠. 결국 제가 직접 아이를 진정시켰고, 엄마는 많이 놀란 눈치였습니다. 부서진 과자를 붙여달라는 둥 정말로 들어줄 수 없는 것을 요구할 때 몇 시간씩 운 적은 있지만 집에서만 가끔 보이는 행동이었고, 집 밖에서 이렇게 공격적인 모습을 보인 적은 처음이라고요.

아이는 지금까지 왜 이런 모습을 보이지 않았을까요?

그동안 은준이가 슬프게 눈물을 흘리면 엄마가 받아줬기 때문입니다. 도저히 어떻게 해줄 수 없는 상황에서는 은준이가 울도록 내버려둘 수밖에 없었지만, "기다려야 돼!" 하고 엄마가 요구하는 일은 없었죠. 은준이는 어릴 때부터 먹는 것, 자는 것 모두 수월했고 겁이 많은 기질 덕분에 위험한 일도 만들지 않아 크게 통제할 일이 별로 없었습니다. 놀이할 때는 항상 엄마가 옆에 있어야 하고 집안의 모든 버튼은 자신이 눌러야 하는 등 한두 가지에 집착하는 모습을 보여도 안전을 위협하거나 남에게 피해를 주는 행동이 아니었기에 엄마는 은준이가 원하는 대부분을 들어줄 수 있었습니다.

그런데도 엄마가 부모코칭센터를 찾은 이유는 힘들었기 때문이에요. 아이의 생각을 존중해야 한다는 신념으로 은준이의 생각대로 좇다가 힘에 부치니 아이를 이해하고 싶어서 찾아온 것이었습니다. 그동안에는 부모니까, 내 아들이니까 받아줄 수 있었던 것이죠. 그렇다면 다른 사람들은 어떨까요? 누가 은준이를 이렇게까지 배려해 줄까요?

부모와 자녀 사이에 갈등이 없었다는 것은 문제를 해결해본 경험이 없다는 뜻이에요. 부모와 아이의 생각이 다를 때 갈등을 경험하고 대안을 선택해봐야 아이는 다른 관계에서 갈등이 생겨도 문제를 해결할 힘을 키울 수 있습니다. 갈등에 처하더라도 해결의 경험이 있기 때문에 크게 당황하거나 분노하지 않죠. 아이와의 갈등을 두려워하지 마세요. 아이가 일순간 불편해하고 부모에게 서운함을 느끼더라도 문제가 해결되면 관계는 다시 회복됩니다. 어떤 갈등이 불거지더라도 우리는 아이를 놓지 않을 테니까요.

일관된 기준이 필요한 아이들

한 엄마는 유치원에서 전화를 받았습니다. 아이가 물웅덩이에서 발을 구르며 장난을 치는 바람에 친구들과 선생님의 신발이 다 젖어버렸다고요. 엄마는 크게 당황했습니다. 비가 온 다음 날이면 엄마와 아이가 즐겨 하던 놀이였기 때문이죠. 그렇다고 선생님이 그러면 안 된다고 하여 부모까지 모든 것을 똑같이 통제할 이유는 없습니다. 엄마가 아이와 물장구를 친 것이 잘못은 아니니까요.

하지만 적어도 언제 이 놀이를 해도 되고 안 되는지는 알려줘야 합니다. "어? 사람들이 지나가네. 그대로 멈춰라!", "우리 둘이서 하자! 우리는 장화를 신었으니까 할 수 있지?", "다른 사람들은 신발이 젖는 걸 싫어해. 그러니까 우리끼리만 하자" 하고 얼마든지 즐겁게 놀이 기준을 알려줄 수 있어요.

아이는 물웅덩이에서 발을 구르며 친구들과 선생님이 어떻게 반응해주리라고 예상했을까요? 아마도 엄마처럼 같이 발을 구르며 웃어줄 줄 알았을 거예요. 부모는 언제나 즐겁게 해줄 수 있어도 타인은 그럴 수 없는 일이라면, 우리는 그 순간 아이에게 무언가 가르쳐야 합니다. 엄마가 즐거운 추억을 만들어주려던 행동으로 인해 겪는 당혹스러움은 아이의 몫이기 때문입니다.

부모는 아이를 위해 자신이 불편해져도 감수하지만, 기준이 없는 무분별한 배려는 아이를 오히려 힘들게 합니다. 낯선 곳을 여행하는데 지도도 없고 안내서도 없는 상태에서 마음대로 여행 계획을 세울 수 있는 권한이 주어진다면 어떨까요? 아무 정보가 없다면 내가 선택해도 그리 만족스럽지는 않을 것입니다. 잠깐은 운이 좋아서 같이 여행하는 사람이 마음에 들고 여행지도 괜찮을지 모릅니다. 하지만 아이가 함께 여행할 가이드는 부모님뿐만이 아니에요. 때로는 선생님, 때로는 친구들과도 여행해야 합니다. 부모가 아닌 타인과 같이 할 때도 만족스러운 여행이 되려면 지금처럼 부모라는 좋은 가이드를 만났을 때 많은 경험을 해야 하죠.

더불어 아이들은 앞으로 어떤 친구를 만나든, 어떤 선생님을 만나든 자기 행동에 대한 상대의 반응을 예측할 수 있어야 합니다. 집에서 늘 하던 대로 했을 뿐인데 지적을 받는다면 아이는 행동 하나하나가 조심스러울 거예요. 왜 어린이집에서는 그렇게 행동하면 안 되는지 불만이 쌓이고 한 번씩 폭발하는 모습도 보일 수 있습니다. 일관된 기준 안에서 자란 아이들은 자기 행동을 조절할 뿐만 아니라 타인이 잘못된 길을 제시해도 눈치 보지 않고 스스로 옳고 그름을 판단할 수 있습니다. 그런 판단 기준은 글로 배우는 것도 아니고, 누군가 알려준다고 한 번에 익혀지는 것도 아닙니다. 일상생활을 통해 온몸으로 부딪치며 성공하고 실패하는 와중에 경험으로 학습되는 것입니다.

부모의 권위를 높이는 방법

그동안 허용적인 양육 태도로 무너진 부모의 권위를 높이고 싶다면 지금 알려드리는 방법부터 사용해보세요.

부모가 무엇을 허용하는지 알려주기

우리는 이미 아이에게 많은 것을 해주고 있습니다. 아이가 마실 물을 준비해주고, 좋아하는 그릇을 씻어주고, 맛있는 간식을 사다

놓고, 함께 놀아주며 시간을 보내죠. 물론 부모로서 당연히 해야 하는 일들이며 대부분 기쁘게 해주는 일들입니다. 그러나 늘 대령하는 간식과 어김없는 놀이 시간이 당연한 게 되어서는 안 돼요.

매번 쟁여놓던 간식이 냉장고에 없으면, 매일 하던 놀이를 같이 해주지 않으면 아이는 화가 납니다. 부모의 권위와 아이의 분노는 반비례하므로, 아이가 부모의 권위를 인정하지 않을수록 분노는 도를 넘어 결국 폭발하고 맙니다.

딸기 우유가 항상 구비되어 있는 냉장고를 기본으로 알고 있는 아이는 맛있는 초코 우유를 준다고 해도 선택하지 않습니다. 울며불며 괴롭게 시간을 보내는 대신에 초코 우유를 마시며 즐겁게 시간을 보낼 수 있는데 그 기회를 잃어버리는 것이죠.

때로는 부모가 24시간 운영하는 편의점에 가서 딸기 우유를 사다 주기도 합니다. 울고 떼쓰는 아이와 협상하는 것보다 훨씬 쉬운 일이니까요. 그런데 어디에도 딸기 우유가 없는 상황이라면 이를 받아들이고 초코 우유를 선택하는 아이와 끝까지 딸기 우유만 고집하는 아이 중 누가 더 행복할까요? 아이를 위한 배려가 정말 아이의 행복을 위한 것일까요?

우리는 언제나 똑같이 허용해줄 수 없습니다. 부모가 통제할 때 아이의 분노가 거세진다면 평소에 통제가 달리 필요 없는 상황에서도 '무엇을 허용하고 있는지' 아이에게 알려주세요.

간식을 준비한다면 냉장고에 아이가 좋아하는 음료를 당연히 채워놓는 게 아니라, "엄마가 오늘은 마트에 가서 딸기 우유 다섯 팩을 사 왔어. 엄마가 사고 나니 마트에 딸기 우유가 하나밖에 안 남았더라? 빨리 사기를 잘했다, 그렇지?" 하고 딸기 우유를 사기까지 어떤 일이 있었는지 얘기해줍니다. 딸기 우유는 원래 냉장고에 당연히 채워져 있는 것이 아니라 엄마가 마트에 갔을 때 남아 있어야 살 수 있다는 기준을 알려주는 것입니다.

아이가 어리다면 같은 메시지를 이렇게 표현할 수 있습니다. "딸기 우유 여기 있네." 아이가 마시면 박수 쳐주면서 즐거운 분위기에서 "우리 마트 가서 또 사자. '딸기 우유 다 먹었어요. 딸기 우유 주세요' 하자"라고 대화체로 간단하게 설명해주는 거예요. 메시지는 짧지만 '딸기 우유가 언제나 집에 있는 게 아니야. 마트에 가야 살 수 있어'를 동일하게 알려줍니다.

아이들은 아주 어릴 때부터 이런 상호작용을 통해 세상의 규칙을 배워갑니다. 그래야 아이가 냉장고에 딸기 우유가 없어서 당장은 떼쓰더라도 "지금은 집에 없어서 마트에 가야 돼. 마트가 문을 닫았으니까 내일 가서 사자"라는 말을 이해하고 대안으로 초코 우유를 선택할 수 있습니다.

아이의 요구를 따르는 대신 즐겁게 지시하는 방식으로 수락하기

이번에도 아이의 요구를 허용할 수 있을 때 부모의 권위를 높이는 방법입니다. 앞으로는 아이가 뭔가를 요청한다면 바로 따르는 방식 대신에 그 요청을 부모가 흔쾌히 수락하는 방식, 혹은 그 요청의 내용대로 부모가 한 번 더 즐겁게 지시하는 방식으로 바꿔주세요.

예를 들어 아이가 물을 달라고 한다면 마치 매니저처럼 물을 바로 대령하는 것이 아니라 "물 먹고 싶어? 우리 딸한테 엄마가 물을 줘야지! 여기!" 하는 거예요. 아이가 물을 요청했고, 엄마는 물을 주겠다고 수락하는 것입니다. 이 과정에서 "물 마시고 싶은 사람?" 하고 물어서 아이가 "네!"라고 대답하거나 손을 번쩍 든다면 부모가 즐겁게 지시하는 것에 해당합니다.

아이가 놀이터에서 좀 더 놀고 싶다고 얘기합니다. 내일은 쉬는 날이고, 엄마도 내심 저녁밥을 짓기 귀찮아 '차라리 더 놀다가 외식을 해야겠다'라고 생각하죠. 이때 그냥 "그래, 놀아"라고 말해버린다면 부모의 권위를 한 단계 더 높일 기회를 날리는 것입니다. 권위는 아이의 행동을 통제함으로써 높아지는 게 아니라 아이가 원하는 것을 허락해줌으로써 높아집니다. 지금은 아이가 원하는 대로 들어줄 기회입니다. "그래? 그럼 내일은 쉬는 날이니까 놀이터에서 더 놀다가 외식하고 들어갈까?" 하고 엄마의 계획을 공유합니다. 아이가 좋다고 말하면 "그래, 30분만 더 놀자"라고 아이의 요청을 수락해주세요. 이 과정에서 "30분 더 놀고 돈가스 먹자, 예!" 하고 즐거운 분위기에서 하이파이브를 유도하고 아이가 손을 마주치면 이것은 부모의 지시에 따른 것입니다.

모든 상황에서 이렇게 할 수는 없을 거예요. 하지만 아이의 요구를 어쩔 수 없이 들어준 일이 많다면 단호하게 훈육해도 처음에는 아이의 분노만 자극할 뿐 통하지 않기 때문에 일상생활 속에서 이런 연습들을 먼저 해야 합니다. 이렇게 작은 상호작용들이 쌓이면 가랑비에 옷 젖듯 아이의 마음에 젖어들어 부모의 권위를 한 단계 높여줄 것입니다.

권위적 부모가 일방적으로 이끌어가는 사랑

 권위적 부모…부모가 옳다고 생각하는 기준에 따르도록 아이를 이끌고, 이에 따르지 않을 때는 강하게 훈육하여 아이의 행동을 통제하는 유형입니다. 아이가 부모의 기대만큼 따라오지 못하면 불안해져 아이를 다그치게 됩니다.

다 너를 위한 거야

권위적(독재적)인 부모들의 양육 신념을 살펴보면 '의지할 수 있는 부모가 되어야 한다, 아이를 안전하게 보호해야 한다, 건강한 식사를 제공해야 한다, 아이에게 역할 모델이 되어야 한다'와 같이 자녀를 위험으로부터 보호하고 문제를 해결해주는 부모의 역할이 강조되어 있습니다. 아이를 보호하고 책임져야 한다는 신념이 강하기 때문에 자녀에 대해 많은 관심을 가지고 있으며, 문제 상황에서도 적극적인 모습을 보입니다. 하지만 부모가 옳다고 생각하는 기준을 아이에게 강요하고, 아이가 부모 뜻대로 따르지 않으면 끈질긴 설득이나 엄한 훈육으로 아이의 행동을 통제하기도 하죠.

통제적 양육 태도로 인해 나타나는 아이의 문제 행동을 유아기에 알게 되면 그나마 시도해볼 수 있는 방법이 많아서 다행입니다. 부모의 강한 통제로 유아기에는 자기 욕구를 억누르다가 학령기, 청소년기에 문제가 발현되면 그동안 눌러 담은 분노의 시간만큼이나 회복하는 데 더 많은 시간과 노력이 필요하기 때문입니다. 이런 경우에는 부모의 말을 잘 듣던 아이가 갑자기 등교를 거부하거나, 고등학교를 졸업한 후에 상의도 없이 독립해버리는 등 예상치 못한 행동으로 부모를 당황하게 만들기도 하죠.

때로는 아무런 문제가 없는 것처럼 성장하는 아이들도 있습니다. 이런 경우에 부모는 아이를 잘 키웠다고 자부하죠. 하지만 이렇게 성인이 되면 자기 삶을 스스로 통제하며 힘들게 살아갑니다. 자유를 갈망하지만 통제가 익숙한 탓에 마치 새장 속의 새가 자유를 얻어도 멀리 날아가지 못하듯 매사에 '반드시 ~해야 한다'는 '머스트(must) 사고'를 합니다. 부모가 된 후에도 '규칙을 지켜야 한다, 정리를 잘해야 한다, 거짓말을 하지 않아야 한다' 같은 머스트 사고로 자녀를 또다시 통제하며 같은 실수를 반복하죠. 자기 부모를 '무서운 사람, 불편한 사람, 독재자, 이기주의자'로 표현하면서 자신 역시 자녀를 강하게 통제하며 똑같이 무섭고 불편한 부모가 되어갑니다.

관계적 통제도 독단적 통제도 해롭다

일반적으로 권위적(독재적)인 부모라고 하면 애정 표현은 없이 통제만 강하게 하는 부모를 떠올리지만, 애정 표현이 많은 부모도 통제 수준이 과하게 높은 경우에는 문제가 됩니다. 이론적으로는 애정성과 훈육이 둘 다 높아야 바람직한 부모, 권위 있는 (민주적) 부모로 일컫는데, 아무리 사랑을 자주 표현해도 아이에게 선택권을 주지 않고 통제하려 든다면 역시 권위적(독재적)인 부모인 것입니다.

그래서 권위적(독재적)인 부모의 양육 태도를 애정성이 높은 경우와 낮은 경우로 나누고, 이를 각각 관계적 통제(애정성이 높은 통제)와 독단적 통제(애정성이 낮은 통제)로 얘기하고자 합니다.

관계적 통제를 하는 부모들은 공통적인 육아 고민을 가지고 찾아옵니다. 아이가 가정에서는 규칙을 잘 따르고 모범적이지만 바깥에서는 또래에게 공격적이고 작은 일에도 분노하는 모습을 보인다고요. 이는 권위 있는 (민주적) 부모 슬하에서 자란 아이가 보이는 높은 정서 조절 능력이나 협력적인 모습과는 대조됩니다. 부모들은 대부분 아이의 상황을 모르다가 기관의 통보로 알게 되고, 한결같이 이렇게 말씀하십니다. "우리 아이가 공격적이라니 믿을 수 없어요. 집에서는 전혀 문제가 없어요. 아이에게 배신감이 느껴져요. 너무 실망했어요."

실망이란 기대한 바가 뜻대로 되지 않았을 때 느끼는 상실감입니다. 아이를 보면서 실망감이 든다면 내가 아이에게 어떤 모습을 기대했는지 생각해보세요. 그 모습으로 이끄는 과정에서 아이에게 선택권을 주었는지, 내가 기대한 바를 채워내지 못하는 아이를 비난하지는 않았는지 살펴봐야 합니다.

엄마는 아이가 다양한 책을 읽기를 바라면서 아이가 항상 읽었던 책을 가져오면 다른 책을 권유하고 열심히 읽어줍니다. 5대 영양소를 골고루 갖춘 식단을 짜고, 아이가 즐겁게 한글을 배웠으면 하는 마음에 엄마표 한글 놀이까지 준비하죠. 엄마는 온종일 아이에게 집중하느라 지치기도 하지만 뿌듯합니다. 엄마로서의 역할을 충분히 해내고 있으니까요.

그렇다면 아이는 어떨까요? 아이도 좋습니다. 엄마가 나를 바라보고 있으니까요. 사랑이 충분히 느껴지니까요. 그런데 왠지 답답합니다. 엄마와 함께하는 것은 좋은데 내 의지대로 할 수 있는 것이 별로 없습니다. 관계적 통제가 높은 부모는 자신이 원하는 대로 아이를 설득합니다. 부모와의 관계가 친밀하기 때문에 아이는 비교적 설득이 잘되는 편이죠. 아이가 종종 거부해도 이런 부모는 웬만해서 자기 뜻을 굽히지 않기 때문에 결국은 아이가 부모의 말에 따르게 됩니다. 결론이 정해져 있는데 굳이 좋아하는 부모와의 관계를 망칠 이유가 있을까요? 없습니다. 약간의 답답함은 부모의 사랑이 채워줄 테니 괜찮습니다.

아이는 마치 부와 명예, 매력적인 외모에 인성까지 두루 갖춘 완벽한 이성을 만나서 그 관계를 놓칠까 최대한 맞춰주는 연인 같습니다. 아이의 본능은 스스로 선택하면서 자기 자신을 시험해나가는 것이에요. 그러니 많은 아이가 마음대로 안 될 때 뒤집어져서 울고불고 떼도 쓰는 것이죠. 그렇게 울고 떼쓰는 행동은 지극히 정상입니다. 중요한 것은 '부모의 말을 듣고 아이가 울음을 멈출 수 있는가?

자신이 원하는 것 외에 다른 대안을 선택할 수 있는가? 자신이 원하는 것을 얻기 위해 기다릴 수 있는가?'입니다. 그 이후에 울음을 조절할 수 있는 아이와 조절할 수 없는 아이로는 나누어질지 몰라도, 모든 아이에게는 자기 욕구가 있고 마음대로 되지 않을 때 울고 떼쓰는 모습이 나온다는 뜻입니다.

그러나 관계적 통제를 받는 아이들은 부모와의 관계에서 이런 모습을 잘 드러내지 않습니다. 눈앞에 달콤한 과자집이 떡하니 버티고 있으니 웬만한 욕구는 충족되어 그 문을 열고 나가지 않는 것이죠. 하지만 아무리 과자집이 좋아도 하루 이틀이지 결국 아이는 문밖으로 뛰쳐나갈 것입니다. 아이를 붙잡기 위해 이번에는 과자로 성을 짓고 성벽까지 쌓는다면 당분간은 가둬둘 수 있겠지만, 아이는 답답해서 숨이 막힐 것입니다. '이 성 밖에는 무엇이 있을까?' 하고 일탈을 꿈꾸거나, '나는 어차피 안 돼' 하고 도전 자체를 포기할지도 모르죠.

그렇다면 부모의 애정 표현은 없이 독단적인 통제만 강하게 받는 아이는 어떨까요? 관계적 통제가 아이를 숨 막히게 한다면 독단적 통제는 아이의 욕구를 꾹꾹 누릅니다. 무리하게 눌러 담아 더 이상 들어갈 곳이 없을 때 이런저런 문제가 튀어나오죠. 독단적으로 통제하는 부모님을 만나보면 "아이가 여섯 살부터 갑자기 달라졌어요"라고 말합니다. 유아기 후반부터 아이와의 갈등이 심화하는 특징이 있는데, 아이가 여전히 부모의 통제를 따르더라도 반항적인 모습으로 부모를 자극하거나, 대답만 하고 행동은 하지 않는 경우가 많았죠. 놀라운 점은 이런 아이가 기관에서는 기가 막히게 모범적인 생활을 한다는 사실입니다. 관계적 통제를 받는 아이들이 집 안에서는 모범적이고 밖에서는 까칠한 모습인 반면, 독단적 통제를 받는 아이들은 그와 반대의 모습을 보이는 것입니다.

이는 애정성의 차이로 설명할 수 있습니다. 관계적 통제를 받는 경우, 아이는 집에서 충분히 사랑받기 때문에 애정성에서는 아쉬울 것이 없습니다. 다만 욕구 불만은 가득하므로 집 밖에서 누군가 자신을 통제하면 협력하기보다 이기적으로 행동하면서 집에서 못다 한 분풀이를 합니다. 이와 반대로, 독단적 통제를 받는 아이는 사랑받고 싶은 본능을 집에서는 채우지 못합니다. 그래서 자신에게 사랑을 표현해주는 선생님을 만나면 가정에서 학습한 통제 경험과 사랑에 대한 욕구가 결합하여 정석의 표본이 되는 것입니다.

그러나 부모의 애정성이 높거나 낮거나 관계없이 통제적인 환경에서 자란 아이는 자기 선택에 자신감이 없고 그 선택으로 혼나거나 누군가를 실망시키게 될까 봐 눈치를 봅니다. 관계적 통제를 받는 아이는 눈치 보는 대상이 부모로 한정되고, 독단적 통제를 받는 아이는 사랑받고 싶은 불특정 다수가 된다는 점이 다를 뿐이에요. 또한 잘 보일 필요가 없이 만만한 대상을 만나면 자신이 학습한 대로 타인을 통제하려 듭니다. 관계적 통제를 받는 아이는 부모를 제외한 다른 사람에게, 독단적 통제를 받는 아이는 사랑받고 싶은 대상이 아닌 나머지 사람에게 이런 모습을 보이죠. 강자에게 약하고, 약자에게 강한 행동을 취하는 것입니다.

부모가 물러서지 않으면 아이는 그 규칙에 적응하기 마련입니다.

하지만 강한 통제는 그 순간 아이의 행동은 다룰 수 있어도 그 행동의 가치를 전하지는 못합니다.

해와 바람의 이야기를 아시나요? 나그네의 옷을 벗긴 쪽은 따뜻한 햇살이었습니다. 바람은 더욱 세차게 몰아치지만 나그네는 그럴수록 옷깃을 꽉 여미면서 아예 단추를 채워버리죠. 아이의 행동을 부모가 원하는 대로 이끌기 위해 강하게 몰아칠수록 아이는 마음의 문을 닫습니다. 아이가 스스로 느끼고 움직여야 진정 바람직한 방향으로 이끌 수 있습니다.

선택권 없는 일방적 통제의 역효과

아이를 통제하는 정도가 높은 부모들은 '숙제 마치고 게임 하기, 밥 먹은 후에 간식 먹기'와 같이 규칙을 정해놓습니다. 저는 그런 부모들에게 묻습니다. "게임부터 하면 아이가 숙제를 안 하나요?" "간식부터 먹으면 아이가 밥을 조금만 먹나요?" 그러면 대부분 모호하게 대답합니다. "글쎄요……."

이 말은 먼저 게임을 하도록, 먼저 간식을 먹도록 허용해본 경험이 없다는 뜻입니다. 당연히 숙제를 해야 게임을 할 수 있고, 밥을 먹어야 간식을 먹을 수 있으니까요. '머스트!', 반드시 그래야 하는 것이기 때문입니다. 하지만 부모의 통제가 심할수록 아이는 게임 시간을 1분 1초도 놓치지 않으려 하고, 누군가 간식을 주면 내려놓는 법이 없습니다. 오히려 더 집착하는 것이죠. 부모는 이런 아이를 보면서 더더욱 게임과 간식을 통제해야겠다고 생각합니다. 이렇게 부모가 통제하다 보면 아이 스스로 게임 시간이나 간식의 양을 조절하게 될까요?

스스로 조절하는 아이로 자라기 위해서는 생활 규칙을 정하는 과정에 아이가 함께 참여해야 합니다. 모든 것을 부모가 정해서 따르게 한다면 아이는 스스로 해보지 못한 것에 대한 아쉬움이 항상 남게 됩니다.

유독 건강에 대한 신념이 강한 엄마를 만났습니다. 다섯 살 아이의 간식을 칼같이 제한하는 분이었죠. 상담이 길어지자 지루해진 아이가 엄마한테 젤리를 먹고 싶다고 말했고, 엄마는 바로 "지금 없어. 차에 가서 줄게"라고 대답했습니다. 아이는 실망스러운 표정을 지었지만 엄마에게 다른 요구는 하지 않았습니다.

잠시 후 제가 아이를 불렀습니다. "기다리기 힘들지? 젤리가 먹고 싶어?" 하자 고개를 끄덕이는 아이에게 "이따가 차에 가서 젤리를 몇 개나 먹고 싶어?" 하고 물었죠. 아이는 대답하는 대신에 "왜요?"라고 되물었습니다. 그런 질문을 하는 의도가 뭐냐는 듯 눈을 동그랗게 뜨고요. "그냥 네가 젤리를 몇 개 먹고 싶은지 궁금해서 그러지"라고 미소를 짓자 아이는 엄마의 눈치를 보더니 이내 웃으며 "두……개" 하더군요.

간식이 유아기의 조절 과제라면 학령기의 조절 과제는 단연 게임입니다. 초등학생이 되면 게임과의 전쟁이 시작되면서 부모들은 '평일에는 금지, 주말에는 가능', 혹은 '숙제 전에는 금지, 숙제 후에는 가능'이라는 규칙을 유행처럼 적용합니다.

　학습에 관심이 없는 아홉 살 승준이도 강하게 통제하는 엄마와 심하게 갈등하고 있었습니다. 승준이 역시 평일에는 게임이 금지되어 있었는데 상담실에서 엄마 몰래 와이파이를 잡아 스마트폰 게임을 하다가 딱 걸렸습니다. 엄마는 순식간에 굳은 표정으로 전화기를 가져오라고 했지만, 제가 중재에 나섰습니다. "어떤 게임을 하고 싶은 거야?" 하고 아이의 욕구를 먼저 읽어주면서, "승준이는 주말에만 게임을 할 수 있다면서? 만약 오늘 게임을 할 수 있다면 대신 주말에는 시간을 줄여서 할 수 있겠니?"라고 물었죠. 아이는 고개를 끄덕입니다. "그럼 오늘은 얼마나 게임을 하고 싶어?"라고 다시 물었더니 아이가 "30분"이라고 대답했습니다. 저는 승준이가 이 약속을 지켜준다면 평일과 주말 관계없이 게임을 하도록 엄마와 고민해보겠다고 얘기했습니다.

　그러자 아이는 스스로 알람을 맞추고 30분이 지나자 시간 약속을 지켰습니다. 그 후에는 주말에 허락된 4시간에서 이날 사용한 30분을 뺀 나머지 3시간 30분을 토요일과 일요일 이틀로 나누어 계산하는 데 골몰했습니다. 그 이후 "엄마랑 대화를 나누었는데 앞으로는 평일에도 게임을 할 수 있게 됐어. 대신 이번 주에 3시간 30분만 게임을 하기로 한 약속을 지켜줘야 해. 그러지 않으면 엄마는 '역시 승준이는 게임 조절을 못 하는구나' 하면서 원래대로 주말에만 게임을 허락하자고 생각할 수 있거든. 잘할 수 있겠니?" 하고 물었죠. 아이는 침묵하다가 "네!"라고 확신에 찬 대답을 들려줬습니다.

그리고 한마디 덧붙이더군요. "선생님, 그런데요, 오늘 엄마가 평일인데 게임을 하도록 허락해준 것은 문화 충격이었어요." 어쨌든 아이에게 허용된 게임 시간은 똑같았지만, 부모의 일방적인 통제에 아이가 불만스럽게 따르는 지금까지의 구조에서 엄마가 그 방향을 아주 살짝 틀었을 뿐인데도 아이는 큰 변화를 느낀 것 같았습니다.

아이에게 선택권을 주면 '옳다구나!' 하면서 젤리를 봉지째 먹겠다며 떼를 쓰고, 게임도 하루 종일 하겠다며 고집을 부릴 것 같나요? 예상과 달리 권위적(독재적)인 부모로부터 그동안 통제받아온 아이는 선택권을 주어도 부모가 우려할 만큼 선을 넘지 않습니다. 선을 넘더라도 다시 생각해보도록 이끌면 잘 따라와줍니다.

앞에서 예로 든 아이들은 '젤리 1개'와 '평일 게임 금지'의 벽을 넘지 못한다는 생각이 강했을 거예요. 세상에 못 넘을 벽이 있나요? 하물며 엄마인데 내가 젤리를 몇 개나 먹고 싶은지, 평일에 게임을 하면 주말에는 어떻게 게임 시간을 조절할 것인지 정도는 편하게 말할 수 있어야 합니다. 그래야 아이가 힘들 때 자기 고민도 꺼낼 수 있어요. 파격적으로 '문화 충격'을 느끼게 해주세요. 평일에 게임 시간을 다 써서 주말에 아쉬움을 느껴봐야 부모가 통제하지 않아도 스스로 조절할 수 있습니다. 부모는 통제하는 사람이 아니라 아이가 바른 선택을 하도록 안내하는 사람이 되어야 합니다.

아이를 존중하는 방법

다음과 같은 방법은 이미 이루어지고 있는 부모의 양육 기준은 유지하면서도 아이가 존중받는다고 느끼게 해주는 요령입니다. 아이의 생각을 존중하고 그 과정에 부모가 참여하는 것으로 훈육의 관점을 전환해도 아이를 효과적으로 통제할 수 있습니다.

이미 허용해준 것은 더욱 적극적으로 허용하기

우리는 언제나 아이를 위해 반찬을 마련하고, 놀이터에 데려가고, 간식을 준비하면서도 '아이가 좋아하는 것을 해주는' 데 집중하기보다 '아이가 싫어하는 것을 시키는' 데 집중합니다. 아이가 안 먹으려는 반찬을 주면서 "이것 좀 먹어봐. 너 먹으라고 엄마가 일부러 만든 건데." 놀이터에 매일 나가는 수고로움은 하나도 호소하지 못한 채 집으로 돌아가기만을 학수고대하는 사람처럼 "이제 집에 갈 시간이야." 어차피 간식을 매일 주면서도 "밥 먹고 나서 간식 먹자. 이것까지만 먹어야 돼." 안 되는 것에 대해 통제의 말을 하는 데만 힘을 주고 있으니 아이의 답답함은 더욱 깊어집니다.

잠시 아이에 대한 고민을 내려놓고 '무엇을 통제할까?'가 아닌 '무엇을 허용하고 있는가?'를 적어본 후 아이에게 적극적으로 알려주세요.

매번 차려주는 반찬을 만들기 전에 미리 "우리 아들은 오늘 뭐가 먹고 싶어? 엄마는 우리 아들이 좋아하는 잡채를 요리해주고 싶다"

하는 것입니다. 매일 가는 놀이터에도 아무 말 없이 으레 가는 게 아니라 "우리 오늘은 유치원 끝나고 놀이터 갈까? 그네를 몇 번 탈까? 으아, 100번? 100번은 너무 많다. 99번 타자", 어차피 하루에 아이스크림 한 개를 준다면 "어머! 오늘은 아이스크림을 안 먹었네. 집에 갈 때 아이스크림을 사야겠다" 해줍니다.

권위적(독재적)인 부모도 알고 보면 아이를 위해 많은 것을 해주고 있습니다. 부모의 강한 통제로 아이가 힘들어한다면 이미 해주고 있는 것들을 이용하여 아이에게 선택권부터 주기 시작하세요.

아이에게 선택하는 즐거움 주기

저는 아이가 어릴 때부터 뭔가를 결정할 때면 아이의 의견을 물어봤습니다. "오늘은 엄마가 노란 옷을 입을까, 검은 옷을 입을까?" 이렇게 무엇을 선택해도 상관없으면 일부러 아이에게 묻는 거예요. 말은 잘 못해도 아이가 손가락으로 가리키면 그 옷을 입고 외출합니다. 그다음에 돌아와서 아이에게 해주는 말이 중요해요. "엄마는 검은 옷을 입고 나가려 했는데 우리 딸이 노란 옷을 골라준 덕분에 다들 너무너무 예쁘대. 다음에 또 엄마 옷을 골라줄 거지? 골라줄 사람?" '네 선택 덕분에 엄마는 기쁘단다'를 알려주는 것입니다.

마트에 가서 장을 볼 때도 두부를 고르면서 "단단한 두부가 좋을까, 찌개용 두부가 좋을까?"라고 아이의 의견을 물어볼 수 있습니다. 간혹 아이에게 허락을 받듯 "이거 살까? 이거? 그래그래" 하는 경우가 있는데, 아이가 자기 마음대로 이것저것 고르도록 두라는 의미는 아니에요. 아이가 지시하는 대로 따르는 것이 아니라 아이가 선택하는 과정에 부모가 함께 참여하여 의견을 주고받으며 결정하는 것입니다. 아이가 "단단한 두부!"라고 대답하면 "그래, 단단한 두부니까 부침으로 먹자" 하거나, "맞아, 우리 아들은 단단한 두부를 좋아하지? 이걸로 어떻게 요리할까?" 하면서 대화를 이끕니다. 그러고 나서 "역시 네 말대로 두부는 부침으로 먹으니까 더 맛있는 것 같아" 하고 '네가 바른 선택을 한 덕분에 행복해'라는 메시지를 줍니다.

함께 규칙 정하기, '큰 선택은 부모, 작은 선택은 아이'

아이와 함께 규칙을 정할 때는 '큰 선택은 부모, 작은 선택은 아이' 원칙을 사용합니다. 현재 게임 시간을 일주일에 4시간으로 통제하고 있다면 앞으로는 4시간을 허용해준다고 생각해보세요. 여기에서 우리가 가르칠 가치는 '게임 시간은 조절해야 돼'이고 그 기준은 4시간으로, 이는 부모가 정한 큰 선택입니다.

이 안에서 아이에게 작은 선택권들을 주어야 해요. 4시간을 언제 사용할 것인지, 그 시간에 어떤 게임을 할 것인지는 아이의 몫이죠. 아이가 더 많은 시간을 원한다면 명분을 가지고 좀 더 줄 수도 있습니다. 예를 들어 아이가 주어진 시간을 전부 사용했더라도 자기 할 일을 마쳤거나 다음 주에 시험이 예정되어 있다면 다음 주에 쓸 시간을 당겨 쓰는 것이죠. 30분 정도는 필요에 따라 늘리고 줄이는 예외적 상황을 두면서 아이와 함께 큰 기준을 벗어나지 않는 선에서 규칙을 유연하게 적용합니다.

이런 원칙은 학습, 간식, 식사에도 적용됩니다. 학습량, 간식의 양, 식사 시간의 큰 기준은 부모가 정해도 그 안에서 아이가 많은 사항을 선택할 수 있어야 해요. 학습지를 5장 풀어야 한다면 어떤 학습지부터 공부할 것인지, 어디에서 공부할 것인지, 학습지를 다 마치면 무슨 놀이를 할 것인지 아이와 대화하세요. 젤리 5개, 아이스크림 1개를 간식으로 줄 수 있다면 언제 먹을 것인지, 무엇을 하며 먹을 것인지 아이와 정해볼 수 있습니다. 식사 시간에도 한 가지 정도는 아이가 먹고 싶은 반찬으로 고르도록 하고, 싫어하는 반찬이라면 얼마나 먹을 것인지는 아이와 이야기를 나누세요.

'아이에게 선택권을 주었을 때 안 통하면 어쩌지?'라는 생각은 잠시 내려놓으세요. 아이가 선택할 수 있는 범위를 벗어나서 '학습지 안 풀어! 간식 더 줘! 밥 안 먹어!'라고 뻗댄다면 통제를 해야 합니다. 하지만 필요한 경우에 통제를 하더라도 그 전에 아이와 함께 협의하는 과정을 거쳐야 해요. 어떤 선택권도 없이 단호한 훈육으로 통제받은 행동이라면 따르더라도 마음에서 우러난 것이 아니기 때문입니다.

책임만 남은 방임형 부모의 무덤덤한 사랑

방임형 부모…아이에 대한 애정 표현이 부족하고, 문제 상황에서 허용적인 모습을 보이며, 부모 자신의 무기력감으로 육아가 버겁게만 느껴져 양육자로서의 역할을 제대로 해내기 어렵습니다.

다 포기한 채 벗어나고파

육아가 힘들어 찾아온 어느 엄마는 "30년 뒤 아이에게 어떤 부모로 남고 싶나요?"라는 제 질문에 "자주 연락하지 않아도 잘 지내는 독립적 엄마"라고 대답했습니다. 이처럼 방임형 부모의 양육 신념에는 '독립성'에 대한 언급이 많습니다. 부모 자신뿐만 아니라 자녀도 '스스로 하는 어린이, 독립적인 어린이'이기를 바랍니다.

이때 방임형 부모가 말하는 독립성이란 물리적인 분리와 자조(自助) 능력을 의미하는 것으로, 육아가 버겁기에 아이가 혼자 알아서 했으면 좋겠다는 기대를 드러냅니다. 허용적인 부모가 아이의 생각과 행동을 존중하기 위해 독립된 인격체로 바라보는 것과는 다른 개념이죠.

아이의 입장에서 방임형 부모는 애정도 훈육도 결여된 채 '너는 너, 나는 나'를 외치는 무늬만 부모입니다. 마치 오래된 연인이 너무나 익숙해져 상대를 사랑하는지에 대한 인식조차 없이 만날 때마다 밥 먹고 영화 보고, 밥 먹고 영화 보고……를 반복하듯, 아이를 데리고 밥 먹고 놀이터에 갔다가 재우고, 밥 먹고 키즈 카페에 갔다가 재우고……를 반복하죠. 아이와의 시간을 돌아봐도 눈을 바라보며 활짝 웃은 기억이 없고, 갈등조차 귀찮고 버거워 아이가 원하는 대로 움직이고 있다면 자신이 방임형 부모가 아닌지 점검할 필요가 있습니다.

자녀에 대한 애착을 검사해보면 방임형 부모는 '애정 표현, 접촉 추구, 자기희생, 근접 추구' 정도는 모두 낮고 '냉담' 정도는 높은 특징을 보입니다. 아이를 바라보면서 즐거운 감정을 느끼거나(애정 표현) 살을 맞대고 싶은 욕구(접촉 추구)가 거의 없고, 몸이 피곤한데도 아이를 위해 일어나거나(자기희생) 항상 아이와 같이 있고 싶은 마음(근접 추구)이 좀처럼 들지 않는 것입니다. 단 하나, 아이가 귀찮다는 느낌(냉담)만 강렬하죠.

그런데 아이를 바라보기만 해도 사랑스러워서 같이 있고 싶고, 만지고 싶고, 피곤한 줄도 모른 채 희생하는 부모도 있는데 방임형 부모는 왜 그런 마음이 들지 않는 걸까요? 이는 원부모와의 애착에서 그 원인을 찾을 수 있습니다.

방임형 부모의 원부모 애착을 살펴보면 부모에게 사랑받았다는 믿음이나 부모와의 유대감이 없고, 어린 시절에 부모로부터 자기감정을 공감받은 경험도 없었습니다. 현재도 부모에게 무관심하거나 적대감을 드러내죠. 이렇게 어릴 때 부모에게 받아들여진 경험이 없기에 내 아이인데도 사랑하면서 공감하기가 어렵습니다.

연애하는 상대가 나와 데이트를 하는 동안 스킨십은커녕 웃는 일도 없이 피곤하다고 짜증을 내면서 가능한 한 짧게 만난 후에 혼자만의 시간을 가지고 싶어 한다면 어떤 생각이 들까요? 외롭다, 서운하다, 버려진 것 같다, 사랑받고 싶다, 사랑하고 싶다, 나를 싫어하는구나, 화가 난다…… 이렇게 언뜻 떠오르는 대답들이 바로 방임형 부모의 자녀가 느끼는 감정입니다. 수시로 한숨이 나온다면, 특별히 화가 나지는 않지만 그렇다고 웃음이 나오는 것도 아니라면, 무기력해서 모든 것이 귀찮다면 여러분의 아이는 그 같은 감정을 오롯이 느끼고 있는 거예요.

때로는 본인의 의지와 관계없이 방임형 부모가 되기도 합니다. 아이를 바라보면서 사랑스럽다고 느끼지만, 혼자서 속으로만 예뻐하고 겉으로는 드러내지 않는 부모가 이에 해당하죠. 설상가상으로 이런 부모가 허용적이고 아이가 순해서 훈육할 일조차 없다면 애정성과 훈육이 모두 결여되어버립니다.

엄마의 사랑을 원하고, 엄마 품에서 안정감을 느끼며, 항상 같이 있고 싶어 하는 게 아이의 본능입니다. 권위적(독재적)인 부모는 과한 통제가 문제이지 그것 역시 하나의 관심입니다. 하지만 방임형 부모는 아이를 통제하는 일조차 없기 때문에 아이는 부모의 사랑과 관심에 목말라 있고, 시도 때도 없이 의심 프로세스를 작동하면서 안 그래도 힘든 엄마를 더욱 힘들게 하지요.

아이가 떼쓰니까 엄마가 힘들어서 방임하는 걸까요? 엄마가 무기력하고 힘들어하기 때문에 아이의 떼가 느는 걸까요? 그 이유를 따지지 않더라도 확실한 것은, 지금 이 악순환을 멈추는 시작은 부모가 해야 한다는 점입니다.

부모로서의 책임감과 사랑 사이에서

방임형 부모는 우울하고 무기력하고 에너지가 없기 때문에 아이에게 애정을 표현하거나 함께 놀아주는 자체가 힘듭니다. 그런데도 아이를 돌보고 아이의 문제를 고민한다는 것은 사랑일까요, 책임감일까요? 책임감도 사랑의 다른 모습일지 모르지만, 아이는 부모의 책임감만으로 바르게 자랄 수 없습니다.

방임형 부모는 주로 식사나 수면 같은 기본 생활 문제, 혹은 기관에서 보이는 공격성 때문에 상담을 요청하는 경우가 많습니다. 울면 아이가 원하는 대로 해주면서 갈등을 피할 수 있지만 안 먹고 안 자는 것은 내버려둘 수 없으니까요. 기관에서 불거지는 문제도 타인들과 연관되어 있으니 적극적으로 해결하려는 것입니다. 그런데 육아 상담을 진행해보면 생활 전반에 걸쳐서 하나부터 열까지 다루어야 할 요소가 너무나 많습니다. 이렇게 문제가 다양하게 나타날 때는 선택과 집중이 필요합니다. 그중 첫 번째는 언제나 애정 표현이죠.

부모의 사랑과 관심을 불어넣으면 아이에게서 드러나는 열 문제 중 반 이상은 해결되거든요.

아이가 하원할 시간만 되면 심장이 두근거리며 답답해진다는 엄마는 아이를 사랑해야 한다는 것을 머리로는 아는데 마음이 따라주지 않는다고 눈물을 보였습니다. 그 눈물은 엄마의 '의지' 같았고, 아이에 대한 애정성부터 높이기 시작했죠. 날마다 아이에게 하트를 그려 넣은 그림을 선물하고, 아이를 얼마나 사랑하는지 아이의 눈높이에서 표현하기를 며칠, 처음으로 눈에 띄는 변화가 있었습니다. 아침마다 뒤도 안 돌아보고 어린이집을 향해 뛰어가던 아이가 어린이집에 가기 싫다는 말도 난생처음 하고, 선생님보다 엄마가 더 예쁘다며 고백하기도 했습니다. 이렇게 아이가 서서히 변화하자 엄마도 힘이 나고 아이가 점점 예뻐 보인다고 말했죠.

하지만 놀이터에서 오래 놀고 싶거나 자기 마음대로 되지 않을 때 심하게 떼쓰는 것은 여전했고, 엄마는 공들여 아이에게 애정을 표현하는 것만으로도 벅찼습니다. 애정 표현으로 간신히 쌓은 신뢰를 버럭버럭하면서 무너뜨리기를 여러 차례 반복한 뒤, 엄마는 "저는 안 되나 봐요. 언제까지 이렇게 해야 하는지 화가 나요. 아무것도 하고 싶지 않아요" 하고 절망적인 메시지를 보냈습니다.

코칭하기 가장 힘든 분들이 바로 방임형 부모입니다. 일단 의욕이 없으니까요. 그런 데다가 육아에서 벗어나 아이에 대한 물리적 책임에서 분리되고 싶어 하는 마음이 크기 때문에 조급하고, 아이에게 기대하는 변화의 수준도 높습니다. 아이가 장난감을 스스로 정리하기 위해서는 부모와 같이 즐겁게 정리하는 경험이 필요하고, 그 안에서 반복적으로 성취감을 느껴야 하는데 몇 번 시도하고는 포기해버리죠. 씨를 뿌리면 열매가 맺기까지 빛도 쐬고 물도 주며 기다려야 하는데 열매를 수확해본 성공 경험이 없다 보니 겨우 씨를 뿌리다가 지쳐서 자꾸 땅을 파헤치는 꼴입니다. 열매 하나가 간신히 열리더라도 너무 작다면서 이런 식으로 언제나 큰 나무가 되겠냐고 한탄하며 포기하는 격이죠. 기대가 클수록 아이의 작은 변화는 보잘것없이 느껴지고, 내 노력은 헛된 것 같습니다.

 아이의 감정에 공감하기 어려우며 '도대체 우리 아이만 왜 이럴까?' 하고 육아 문제를 아이 탓으로만 돌리게 된다면 아이의 행동을 수정하기 위해 지금 당장 해야 할 일은 부모의 정서적 건강을 챙기는 것입니다. 그러나 안타깝게도 여기까지는 부모의 생각이 미치지 못합니다. 아이가 지금 하는 저 행동만 멈추면 내가 숨 쉴 수 있겠거든요. 아이가 울지 않고 말로 요구하면 내가 폭발하지 않을 것 같거든요. 아이가 밥만 제대로 먹어도 나는 다 이해해줄 수 있거든요. 하지만 아이가 그런 행동을 멈추려면 부모의 반응이 바뀌어야 하고, 그 반응을 유지하기 위해서는 부모에게 마음의 여유가 필요합니다.

집 밖에서 사랑을 찾으며 분노하는 아이들

 "우리 아이는 표정이 없어요", "우리 아이는 뭐를 좋아하고 싫어하는지 모르겠어요"라고 얘기하는 부모들을 보면 역시 표정 변화가 거의 없습니다. 상담하는 동안 부모의 표정으로 비언어적인 메시지를 살피게 되는데 지금 어떤 감정인지, 무엇을 생각하는지 알기가 어렵죠.

아이는 태어날 때부터 부모의 표정과 목소리로 세상의 위험과 안전을 감지합니다. 부모가 웃으면서 부드러운 목소리로 말을 걸어주면 세상이 안전하다고 느낍니다. 부모가 인상을 쓰거나 날카로운 목소리로 말할 때는 함께 불안해지고 화가 나죠. 엄마가 표정 없이 무미건조한 목소리로 대화한다면 아이는 엄마의 감정을 읽지 못하여 지금 안전한지, 위험한지 알 수 없습니다. 그래서 방임형 부모의 아이들은 우울하고, 무기력하고, 갑자기 화가 나고, 짜증이 만연합니다.

방임형 부모는 아이가 짜증을 낼 때 자기감정에 따라 아이를 내버려두기도 하고, 때로는 화를 내기도 합니다. 아이는 자기감정도 다스리기 어려운 상황에서 부모가 언제 화낼지 예측이 안 되기 때문에 더욱 혼란스럽죠.

아이가 부모의 반응을 예측하기 힘들듯 아이도 언제 화내면서 공격적인 모습을 보일지 예측이 안 됩니다. 아이는 짜증과 분노로 똘똘 뭉친 상태이기 때문에 친구가 그냥 지나가도 확 밀어버리거나, 내가 정리하려던 장난감을 친구가 정리해도 참지 못합니다. 선생님이 훈육하려 들면 의자를 더 강하게 밀어버리거나 잘 놀고 있는 친구의 책을 빼앗아 찢는 등 공격적인 모습을 보이고, 피해 의식이 강하여 내 과자만 작다고 억울해하거나 누군가 친구를 칭찬하면 삐치기도 하죠.

하지만 방임된 아이가 무기력하거나 공격적인 모습만 보이는 것은 아닙니다. 호기심이 많고 적극적 기질의 아이는 끊임없이 질문하고 자신을 우스꽝스럽게 만드는 등 주목을 받으려 하고, 낯가림이 있거나 섬세한 기질의 아이는 처음에는 경계하더라도 친절하게 대해주는 사람의 주변을 맴돌거나 손을 만지는 등 스킨십을 시도하며 상대의 반응을 관찰하죠. 그때 지속적으로 관심을 기울이고 사랑을 표현하는 사람을 만나면 아이는 그 대상에게 완전히 마음을 엽니다. 동생에게는 절대 양보 안 하는 장난감을 좋아하는 친구에게 가지라며 주기도 하고, 좋아하는 선생님에게 잘 보이기 위하여 집에서는 안 먹는 반찬을 열심히 먹기도 합니다. 부모에게서는 채워지지 않는 사랑과 관심의 욕구를 타인으로부터 갈망하기 때문이죠.

학령기 이후에는 또래 관계가 더욱 긴밀해지면서 관심과 사랑이 필요한 아이들끼리 그룹을 만들고 함께 시간을 보내며 비행에 빠지기도 합니다. 사랑을 찾아온 아이들이 모였으니 그들이 느끼는 우정의 힘은 매우 강력합니다. 부모가 그런 아이들의 관계나 친구를 비난하면 분노의 화살이 부모에게로 향하며 아이들의 결속력은 더욱 강화되죠.

아이가 다시 부모의 사랑과 관심을 필요로 하도록 이끄는 방법은 단 하나뿐입니다. 아이가 누구와 어울리든, 어떤 상황에 놓여 있든 일단은 사랑과 관심을 표현하는 것입니다. 그동안 표현하지 못했다면 아이의 반항과 냉정한 반응도 겪어내야 해요. 딱 한 번만 데이트

신청을 해놓고서 반응이 쌀쌀하다고 두 번 다시 안 한다면 진정한 사랑으로 느껴질까요? 아이의 반응과 관계없이 두 번, 세 번, 열 번 도전해서 부모의 사랑이 변하지 않음을 알려주세요.

무기력한 육아에서 벗어나는 방법

아이와 함께하는 시간이 즐겁지 않고 육아가 버겁게만 느껴진다면 부모 자신의 상처부터 보듬어주세요. 나를 이해하고 편안히 쉬는 시간을 가져야 아이를 진정으로 사랑할 수 있습니다.

어린 나 자신부터 공감하기

울고 떼쓰는 아이를 보면 아이의 행동이 이해되지 않으며 '저게 울 일인가? 도대체 왜 울까?' 하고 공감하기 어렵다면 나의 어린 시절로 돌아가 나 자신에게 공감하는 연습부터 해야 합니다.

먼저 어린 시절에 엄마한테 크게 혼났던 순간, 엄마에게 상처받았던 말을 떠올리세요. 그때 어린 내가 느낀 감정과 함께 엄마에게 바란 행동, 듣고 싶었던 말이 무엇인지 생각하고 적어봅니다.

친구와 더 놀고 싶은데 못 놀아서 속상할 때 엄마한테 "그만큼 놀았으면 됐어. 너는 왜 노는 것만 좋아하니?"라는 말을 들었다면 "별로 놀지도 못했는데 뭐가 많이 놀았다는 거야? 왜 나만 지금 학원에 가야 하냐고!" 하고 그 순간의 내 감정을 있는 그대로 씁니다. 그다음에는 "더 놀고 싶은데 많이 못 놀아서 속상했어? 친구랑 언제 또 놀 수 있는지 엄마랑 같이 약속을 잡아볼까?" 하고 엄마에게 기대했던 말도 적어보는 것입니다.

동생이 얄미워서 내 물건을 못 만지게 했을 때 엄마가 "너는 왜 이렇게 욕심이 많고 이기적이니? 동생한테 양보해야지" 하고 상처를 주었다면 "엄마는 왜 매번 동생 편만 들어? 누가 첫째로 낳아달랬어? 왜 나만 계속 양보해야 돼?"라고 쓰는 거죠. 그리고 "동생이 자꾸 방해하니까 싫어? 혼자 조용히 놀고 싶지? 엄마가 네 방에다 따로 반짝이 색종이를 사놨어. 그건 엄마랑 둘이 접어보자"라고 엄마가 내 편에서 공감해주는 말도 적어봅니다. 이런 말들이 잘 떠오르지 않는다면 그냥 "우리 딸, 이리 와" 하면서 엄마가 안아주는 모습을 상상해도 좋습니다.

물론 이렇게 한다고 내 앞에서 떼쓰는 아이를 보면서 바로 공감이 되는 것은 아닙니다. 현재 상황은 '어린 내'가 아니라 이 문제를 해결해야 할 '부모의 관점'에서 바라보기 때문이죠. 하지만 그 순간을 벗어나 아이의 문제가 아닌 나의 문제를 공감하다 보면 같은 상황에서 아이를 이해하기가 조금씩 수월해집니다. 아이의 행동에 전혀 공감할 수 없어도 그것은 부모의 잘못이 아닙니다. 어릴 때부터 공감의 말을 많이 들었어야 내 아이도 공감할 수 있는데 내 감정을 공감받아본 과정 없이 아이를 공감해주려니 어려울 수밖에요.

하지만 내가 어린 시절에 느꼈던 감정을 내 아이에게 물려주지 않으려면 부모의 반응을 바꿔야 합니다. 어린 시절에 원부모에게서 공감의 말과 행동을 학습하지 못했다면 지금부터 나라도 어린 시절로 돌아가 어린 나를 다시 공감해주고 위로해주고 안아주세요. 그렇게 나에 대한 공감의 과정을 거친 후에 내 아이와 마주해야 아이의 마음을 이해할 수 있습니다.

나를 위한 시간 가지기

아이를 키우다 보면 나만의 시간을 가지고 나를 위한 물건을 사는 것이 사치처럼 느껴집니다. 그럴 만한 시간적·경제적 여유도 없을 때가 많습니다. 하지만 좋은 부모가 되기 위해서는 나 자신부터 챙겨야 합니다. 내 삶에 내가 없고 무력하다면 아이에게 사랑을 표현할 여력도, 아이를 바른 길로 안내할 에너지도 없으니까요.

육아가 버겁고 하루 종일 무기력감에 빠져 있다면 먼저 결혼 전이나 아이를 낳기 전에 여가를 어떻게 보냈는지 떠올려보세요. 나는 무엇을 할 때 즐거웠는가를 생각하는 거예요. 여행을 다니고 온종일 TV를 볼 때 편안하고 즐거웠다면 그와 비슷한 일을 찾아 실행합니다. 아이와 함께 여행하거나 TV를 보는 것은 사실 쉽지 않은 일입니다. 그렇다면 여행을 갔을 때 무엇이 좋았는지, 어떤 프로그램을 즐겨 봤는지 좀 더 구체적으로 나열합니다. 친구와 수다 떨기, 드라마 몰아 보기, 먼 산 바라보기, 음악 듣기, 커피 마시기 등 그저 생각나는 대로 적어보는 거예요.

그리고 나서 하루 30분은 나를 위한 시간으로 정한 후에 드라마를 이어 보는 등 내가 좋아하는 일을 즐겁게 합니다. 그조차 힘들다면 단 5분이라도 내가 좋아하는 노래 한 곡 듣기부터 실천해봅니다. 온전히 나만을 위한 시간이면 좋겠지만 그럴 수 없는 날에는 "지금은 엄마가 커피 마시는 시간이야", "엄마는 이 노래를 들으면 기분이 좋아져" 하고 아이에게 엄마가 좋아하는 것을 공유하기도 합니다.

특별한 경우를 제외하고, 보통은 짧게라도 나를 위한 시간을 만들 수 있습니다. 하지만 대부분은 아이가 잠들면 설거지를 하고, 아이가 어린이집에 가면 청소를 하고 잠깐만 멍하니 누워 있어도 금방 하원 시간이 닥치죠. 때로는 드라마를 보고 친구와 수다를 떨지만, 계획 없이 TV 채널을 돌리고 통화하다 보면 피로가 풀리기는커녕 '또 아이가 올 시간이네. 저녁밥은 뭘 먹이나' 싶은 지루한 일상으로 돌아옵니다.

앞으로는 짧게는 5분, 길게는 30분까지 소중한 나를 위해 무엇을 할까 계획을 세우고 실천하세요. 똑같은 육아 강의를 보더라도 '아이를 위해서'가 아니라 '나를 위해 내가 선택한 것'으로 정의하고, 커피를 마시더라도 '이제야 겨우 짬이 나네'가 아니라 '나를 위한 5분을 제대로 즐길 거야'라고 생각하는 것입니다. 큰 변화도 그 출발은 아주 작은 것부터 시작합니다. 엄마의 눈빛과 말 한마디가 아이의 행동 변화를 이끌어내듯 오롯이 나를 위한 5분이 어떤 변화를 가져올지 아무도 모르죠. 밑져야 본전이라는 생각으로 그냥 한번 해보는 거예요.. 그냥!

아이가 원하는 권위 있는 부모의 사랑

권위 있는 부모…평소에 아이에 대한 애정 표현이 충분하고, 아이가 어려움을 겪으면 적극적으로 개입하며, 갈등 상황에서는 일관된 기준을 가지고 타협하기 때문에 아이는 자기 행동에 따른 부모의 반응을 안정적으로 예측할 수 있습니다.

아이에게 물려주기 싫은 모습

지금까지는 아이들을 힘들게 하는 부모의 사랑에 대해 얘기했습니다. 그렇다면 아이들은 어떤 사랑을 원할까요? 그중에서도 내 아이가 엄마인 나에게 원하는 사랑은 무엇일까요? 이제부터 직접 찾아볼까요.

다음 단어들 중에서 '아동·청소년 시절 나의 주 양육자와 어울리는 단어'를 찾아 동그라미를 치세요.

> 따뜻한, 비교하는, 귀여운, 나를 귀찮아하는, 재미있는, 희생하는, 고마운, 부담을 주는, 멋진, 속을 알 수 없는, 칭찬하는, 짜증이 많은, 이해해주는, 거리를 두고 싶은, 살 느낌이 좋은, 대화가 안 통하는, 말이 없는, 기댈 수 있는,

> 우울한, 긍정적인, 이기적인, 아플 때 생각나는, 잔소리하는, 힘을 주는, 걱정이 많은, 믿어주는, 어려운, 웃음이 많은, 짐이 되는, 친구 같은, 바쁜, 편안한, 화내는, 사랑을 표현하는, 감정 기복이 심한, 스킨십을 많이 하는, 때리는, 고민을 말할 수 있는, 철없는, 언제나 내 편인, 기대하는, 닮고 싶은, 실망하는, 현명한, 눈치 보이는, 존경하는, 명령하는, 의지가 되는, 무서운, 친절한, 답답한, 여린, 냉정한, 보호해주고 싶은, 불안한, 문제를 해결해주는

이제 동그라미 친 단어들 중에서 내 아이에게 '물려주고 싶은 부모의 모습'과 '물려주기 싫은 부모의 모습'을 나누어 적어봅니다. 두 모습 모두 여러분이 이미 가지고 있는, 학습된 부모의 모습입니다. 그중에서 '물려주고 싶은 모습'은 굳이 노력하지 않아도 아이와 함께 있을 때 나타나는 긍정적 부모의 모습이죠. 이 같은 부모가 되기 위해 고민하고 노력하기보다 '물려주기 싫은 모습'에 집중해야 합니다. 그 모습도 각별히 노력하지 않으면 아이와 갈등하는 상황에서 나타나는 부정적 부모의 모습이기 때문입니다.

'물려주기 싫은 모습'에 적힌 단어를 읽어보세요. 우리는 자라오면서 부모님의 이런 모습이 참 싫었습니다. 내가 부모가 되면 같은 실수를 반복하지 않겠다고 다짐했죠.

러브 마스터 과정은 내리사랑교육연구소에서 진행하는 애착 놀이 수업입니다. 수업 첫날에는 위 단어들을 이용하여 강의를 진행합니다. 이 과정에 참여한 어느 엄마는 왕복 4시간 거리를 매주 빠짐없이 출석했습니다. 육아 열정이 큰 만큼 제시간에 도착하기 위해

엄마의 아침은 분주했겠죠. 그처럼 바쁘게 서두르다 보니 엄마의 변화를 눈치챈 아이는 의심 프로세스를 작동하여 평소보다 더욱 칭얼거리며 등원까지 거부했습니다. 빨리 서울로 출발해야 하는데 아이가 따라주지 않자 엄마는 무섭게 아이를 다그치고 어린이집에 들여보냈죠. '아이와의 애착을 다지려고 듣는 수업 때문에 내 아이에게 화를 내다니……'

엄마는 '물려주기 싫은 모습'에 '무서운 부모, 비난하는 부모'를 적었더랬습니다. 무섭게 화내면서 비난하는 자기 부모의 모습이 싫었기 때문에 그동안 엄마는 이렇게까지 아이에게 화낸 적이 없었죠. 그런데 그날 아침에 자신에겐 없다고 생각했던 학습된 부모의 모습을 만나게 된 것입니다.

누구나 부모로부터 닮고 싶지 않은 모습이 있습니다. 이런 모습은 평소에는 드러나지 않다가 언제나 이성이 폭발하는 순간에 터져 나옵니다. 몸이 아파서 쉬고 싶은데 아이가 떼를 쓸 때, 어떤 방법을 써도 아이가 울음을 그치지 않을 때, 아이가 위험한 행동을 해서 놀랐을 때…… 즉 내가 내 감정을 통제하기 힘든 순간에 이성의 끈이 풀어지며 학습된 부모의 모습이 밀고 나오는 것입니다.

그래서 우리는 나에게 숨겨진 부정적 부모의 모습을 먼저 인정하고, 나아가 그 모습이 드러날 상황에 대비해야 합니다. 내 부모와 달리 '나는 아이를 비난하지 않을 거야', '나는 아이한테 따뜻하게 대해줄 거야'라고 생각해왔다면 이제부터 '나도 아이를 비난할 수 있어', '나도 아이를 귀찮아하면서 냉정하게 대할 수 있어'라고 나에게도 부정적인 모습이 있음을 인정하는 거예요. 그다음으로는 내 몸이 피곤할 때, 아이가 동생을 때릴 때, 밥을 먹지 않을 때, 칭얼거리며 말할 때 등등 아이와 함께 시간을 보내면서 특히 힘들었거나 화가 난 순간들을 나열합니다.

더불어 그런 순간이 다시 닥치면 내 부모처럼 소리를 지르며 비난하는 대신에 어떤 행동을 취할 것인가도 적어보고, 이성이 폭발하기 전에 브레이크를 걸 수 있는 장치들을 마련합니다. 주방으로 가서 찬물 마시기, 아이의 어릴 적 사진 보기, 내 말이면 다 들어주는 친구와 통화하기, 눈을 감고 명상하기 등 격앙한 감정을 전환할 수 있는 일이라면 모두 좋습니다.

이런 장치들이 근본적인 문제를 해결하는 것은 아닙니다. 그러나 부정적인 감정이 극단으로 치닫지 않도록 이렇게 제동을 거는 것만으로도 우리는 아이에게 '물려주기 싫은 모습'은 물려주지 않고, '물려주고 싶은 모습'만 물려주게 될 것입니다.

아이에게 기억되고 싶은 모습

이번에는 동그라미를 치지 않은 단어들 중에서 '내 아이에게 기억되고 싶은 부모의 모습'을 찾아서 적어보세요. 이번에 적은 단어들을 읽어볼까요. 이런 모습은 여러분의 부모님이 가지지 못했던 긍정적 부모의 모습입니다. 따라서 이런 모습으로 기억되기 위해서는 우리가 의식적으로 노력해야 합니다. '물려주고 싶은 부모의 긍정적 모습'은 노력하지 않아도 자연히 드러나지만, '기억되고 싶은 부모의 긍정적 모습'은 노력하지 않으면 아이에게 보여줄 수 없습니다.

여러분은 어떤 단어들을 썼나요? 웃음이 많은 부모, 살 느낌이 좋은 부모, 고민을 말할 수 있는 부모…… 지금 아이는 부모에게 바로 그런 모습을 원하고 있습니다. 아마 대부분의 부모가 아이의 마음을 알고 있을 거예요. 다만 그런 모습은 원부모에게서 학습한 적이 없기에, 어떻게 웃음을 주고 스킨십을 하면서 옳은 선택을 하도록 따뜻하게 안내할 수 있는지 잘 몰라서 어렵게 느껴질 뿐이에요.

어릴 적 부모로부터 학습한 모국어는 별다른 노력 없이도 능숙하게 표현할 수 있습니다. 그렇다면 외국어는 어릴 때 학습하지 않으면 영영 습득하지 못할까요? 아닙니다. 그 이후에도 의지를 가지고 노력한다면 외국어도 얼마든지 습득할 수 있습니다. 유창하지 않더라도 여행을 하고, 외국 친구를 사귀고, 비즈니스도 할 수 있죠. 때로는 원어민처럼 자유롭게 대화할 정도로 발전하기도 합니다. 하지만 처음부터 원어민처럼 구사하기를 목표로 한다면 금방 지칠 거예요.

원부모에게서 배우지 못한 양육 태도도 외국어처럼 얼마든지 새롭게 학습할 수 있습니다. 이 책의 4장에서는 아이에게 사랑을 표현하는 방법들을 소개하는데, 외국어를 처음 배우는 사람들이 익혀야 할 필수 문법처럼 아주 쉽게 시도해볼 만한 것들입니다. 애정 표현의 기본으로 이미 아이에 대한 사랑을 표현하는 데 능숙한 부모라도 아이와의 애착을 더욱 안정적으로 발전시킬 수 있습니다.

권위 있는 부모의 힘을 가지려면

애정과 훈육이라는 두 마리 토끼를 손에 거머쥔 권위 있는 (민주적) 부모는 육아가 쉽기만 할까요? 부모코칭센터에는 이미 바람직한 양육 태도가 자리 잡힌 부모도 찾아옵니다. 앞으로 부모의 역할을 더욱 잘하기 위해 아이의 기질과 자신의 양육 태도를 점검하려는 경우가 대부분이지만, 그럼에도 한두 가지 육아 고민은 가지고 있죠. 충분한 애정 표현으로 문제 상황에서 아이를 현명하게 이끄는 부모에게도 육아는 어려운 과정의 연속인 것입니다.

그러나 다른 점이 있어요. 같은 고민으로 찾아온 경우, 권위 있는 (민주적) 부모 슬하에서 자라는 아이의 문제는 비교적 쉽게 해결됩니다. 특히 식사 문제나 손가락 빨기처럼 기질적인 요인이거나 오랜 시간 습관으로 굳어버린 문제도 금방 개선됩니다. 사실 그런 문제는 공격성을 띠거나 등원을 거부하는 문제처럼 외부 자극을 바꿔가면서 해결하는 문제에 비해 아이의 변화가 더딘 편이거든요.

하루는 음식 알레르기가 심하여 가정 보육 중인 다섯 살 아이를 만났습니다. 아이가 음식을 잘못 먹을 경우에 위험해질 수 있으니 혹시 모를 가능성 때문에 기관에 보내지 못하고 있었죠. 먹을 수 있는 음식은 한정적인데 아이는 감각도 예민하여 가리는 음식이 많았고, 특히 밥을 먹으려는 의지가 없어서 억지로 먹었습니다. 식사를 제외하고 일상생활에서는 큰 어려움이 없었지만 하루 세끼를 온전히 가정식으로 안전하게 먹이고, 식사에 관심이 없는 아이의 배를 채우기란 쉬운 일이 아니었습니다. 아이가 다른 또래처럼 기관 생활을 경험하지 못하는 것도 가슴이 아픈데, 밖에서 친구를 만날 때면 나도 간식이 먹고 싶다며 속상해하는 아이의 모습에 엄마는 특히 힘들다며 눈물을 보였죠.

엄마의 양육 신념에는 '건강한 먹거리를 제공해야 한다'가 있었습니다. 우리는 자녀의 건강을 돌봐야 하지만 그 신념이 너무 강하면 힘들 수밖에 없습니다. 아이에게 언제나 건강한 먹거리만 줄 수는 없기 때문이에요. 엄마의 마음을 편안히 하는 것이 먼저였으므로 일주일 동안은 아이가 좋아하는 음식으로 간단한 식사만 제공하기로 했습니다. 그리고 아이가 밥을 먹는 순간 어떻게 반응해야 하는지, 식사를 거부할 때와 식사를 마쳤을 때는 어떤 대화를 이끌어야 하는지 알려주고, 아이와의 식사 장면을 촬영하여 저에게 보내달라고 했습니다. 저와 함께 온라인으로 소통하며 아이의 식습관을 본격적으로 잡아가기 위한 사전 단계였죠.

그러나 엄마는 일주일이나 지나서야 뒤늦은 동영상을 보내면서 아이와 식사하는 시간이 훨씬 편해졌다고 얘기했습니다. 엄마가 만족할 만큼은 아니지만 아이의 식사량이 이전보다 상당히 늘었고, 무엇보다 아이의 표정이 즐거워 보였습니다. 본격적인 코칭에 들어가기도 전인데 아이가 확연히 변화하다 보니 무슨 일이 있었는지 궁금해졌습니다. 엄마는 "그냥 제 마음을 내려놓고 아이가 먹는 것에 반응해주니까 잘 먹더라고요"라고 말했죠.

같은 방법을 써도 부모의 양육 태도에 따라 그 결과는 다릅니다.

허용적인 부모는 아이가 밥을 먹을 때 아무리 열심히 박수를 치며 환호해도 아이에게는 '친구의 축하' 정도로 느껴질 뿐 아이의 행동을 강화하기에는 역부족이죠. 그 순간 숟가락질을 몇 번 더 할 수는 있지만, 일상생활에서 떼쓰는 아이를 다루지 못하는 한 며칠 못 갑니다.

강하게 통제하는 권위적(독재적) 부모의 경우에는 아이가 좋아하는 음식으로 식단을 구성하는 자체가 아이에게 선택권을 주는 것으로, 더불어 밥을 먹을 때 즐겁게 반응해준다면 통제가 되는 상태에서 애정성이 높아지니 허용적인 부모에 비해 그 효과가 좋습니다. 다만 일상생활에서 여전히 통제 수준이 높다면 식탁에서만 달라지는 부모의 반응이 아이에게는 특별하게 다가옵니다. 평소에는 부모의 권위에 도전하지 못하는 아이가 식탁에서는 예외적으로 부모의 권위에 도전하고자 밥을 삼키지 않거나 자신이 좋아하는 반찬만 점점 더 요구하는 모습을 보이기도 하죠.

방임형 부모의 아이는 부모가 반응해주는 것만으로 열심히 밥을 먹는 경우가 있습니다. 그토록 원하던 관심과 애정 표현이 자기가 먹을 때 나오니까요. 하지만 긍정 훈육으로 접근하는 식습관은 해결되더라도, 밥을 먹는 도중에 돌아다니거나 장난을 치는 등 단호하게 통제해야 하는 상황까지 해결하기에는 부족하죠. 게다가 이런 상호작용이 반복될 경우 방임형 부모가 애정성만 높인 것이니 허용적인 부모와 같은 상황에 처하게 됩니다. 적극적인 애정 표현과 함께 적절한 통제가 이루어져야 아이의 진정한 행동 변화를 이끌어낼 수 있습니다.

하지만 완벽히 권위 있는 (민주적) 부모가 아니더라도 애정과 통제의 균형을 맞추려 노력하는 것만으로 아이를 변화시킨 사례는 많습니다. 훈육 마스터 수업에서는 아이가 원하는 것을 명확히 얘기하면서 대화를 이끄는 '단호한 목소리' 코칭을 진행합니다. 엄마를 머리 꼭대기에서 쥐락펴락한다는 여섯 살 남자아이는 엄마가 아이의 욕구를 확실하게 읽어주고 목소리를 단단하게 표현하는 것만으로도 울고 떼쓰는 일이 사라졌습니다. 아마도 평소에 아이에게 사랑을 표현해오던 엄마였을 것입니다. 애정성이 높은 상태에서 목소리 변화로 훈육 효과를 높여주니까 권위 있는 (민주적) 부모의 모습과 가까워진 것이죠.

별것 아닌 일에도 삐쳐서 칭얼거리는 일곱 살 여자아이의 엄마는 애착 놀이를 안내하는 러브 마스터 수업에 참여한 뒤 이렇게 얘기했습니다. "그동안 아이 때문에 여러 차례 상담받아왔지만 큰 변화가 없었습니다. 그런데 이 4주 동안에는 아이를 웃기며 놀이하는 것만으로도 갈등할 일이 없었어요. 이 자리에 계신 부모님 중에서 제가 가장 큰 효과를 본 것 같습니다. 감사합니다." 이 엄마는 권위적(독재적)인 부모로서 아이를 통제하는 유형이었습니다. 통제가 높은 부모가 아이의 말을 들어주고 웃음으로 사랑을 표현하자 애정과 훈육이 균형을 이루어 아이도 짜증 낼 일이 줄어든 것입니다. 언제나 그렇듯 모든 변화는 아주 작은 것에서 시작됩니다. 우리 모두 권위 있는 (민주적) 부모가 될 수 있어요.

지금까지 부모의 양육 태도를 유형화하여 대표적인 사례와 함께 얘기했지만, 사실 극단적으로 애정 표현을 안 하거나 모든 행동을 통제하지 않는 한 자신이 어떤 유형에 해당하는 부모인지 정확히 나누기 어렵습니다.

각 유형의 경계선에 있기도 하고, 미디어 노출이나 인사하기처럼 특정한 영역에 대해서만 강하게 통제하는 경우도 있죠. 한 명만 키울 때는 허용적인 부모였는데 동생이 태어나면서 방임형 부모가 되기도 하고, 첫째에게는 통제적이지만 둘째에게는 허용적인 경우도 있을 것입니다. 현재 권위 있는 (민주적) 부모라 하여 그 모습이 계속 유지될지는 모르는 일입니다. 부모의 양육 태도는 원부모의 양육 태도와 가장 밀접한 관련이 있지만 배우자, 고부 관계, 자녀 수, 건강 상태, 이외에 육아와 관련된 인적·물적 자원에 의해서도 영향을 받기 때문입니다.

따라서 현재 나의 양육 태도를 고정된 것으로 진단하기보다, 애정과 훈육이라는 두 가지 축을 이해하고, 그 축을 유동적으로 오르락내리락하면서 변화할 수 있는 것으로 바라봐야 합니다. 내가 어떤 유형의 부모인지 판단하는 것보다 한 걸음 뒤에서 내 모습을 관찰하여 부모로서 나의 강점과 약점을 파악하고, 애정과 훈육의 균형을 맞추기 위해 노력하는 것이 중요합니다.

아이의 발단단계별 부모의 현명한 역할

부모의 역할은 아이의 연령에 따라 달라져야 합니다. 첫 번째로 부모는 보호의 역할을 합니다. 아이는 혼자 살아나갈 수 없기에 부모의 보호가 반드시 필요해요. 특히 연령이 어릴수록 아이를 보호하는 역할 비율이 높기 때문에 이는 영아기에 적합한 역할입니다. 이렇게 영양과 안전과 위생에 신경 쓰면서 아이를 보호해야 한다는 사실은 모두가 알고 있을 거예요.

하지만 두 번째 역할은 정확히 모르거나, 알아도 제대로 실천하지 못하는 부모가 많습니다. 바로 교육의 역할입니다. 아이가 세상 속에서 더불어 살아갈 수 있도록 부모가 가르쳐줘야 합니다. 이 시기는 본격적으로 세상을 탐색하는 유아기에 해당합니다. 왜 양치를 해야 하는지, 친구의 물건을 빼앗으면 안 되는지, 겨울이 되면 두꺼운 옷을 입어야 하는지…… 이는 아이의 연령이 증가한다고 자연히 알게 되는 것이 아니에요. 세상의 규칙은 이곳으로 아이를 초대한 부모가 하나하나 알려줘야 합니다. 놀이를 통해 즐겁게 알려주기도 하고, 단호하게 알려주기도 하고, 책이나 경험으로 알려주기도 하고……, 이는 다른 말로 훈육이라 할 수 있습니다.

이렇게 아이는 부모가 알려준 정보들을 가지고 학령기에 올라가 학교생활을 시작합니다. 이제 진짜 무대에 오른 거예요. 유아기는 무대에 오르기 전에 연습하는 과정입니다. 무대 밖에서 즐겁게 경험하고 때로는 단호하게 연습한 것이 많을수록 아이는 무대 위에서 자기 역량을 마음껏 발휘할 수 있습니다.

그런데 이미 무대에 오른 사람에게 무대 밑에서 '그게 아니지. 이쪽으로 와야 돼!'라고 가르친다면 그 무대는 어떻게 될까요? 그런 안내와 지시는 무대 밖에서 끝냈어야 합니다. 일단 무대에 올라갔으면 그다음 몫은 아이에게 있어요. 부모는 아이가 무대 위에서 자기 역할을 잘하도록 조명이 꺼지거나 방해하는 관객이 있을 때만 개입해서 도와주는 역할을 하면 돼요. 바로 학령기 부모의 역할은 아이를 지지하고 지원하는 것입니다. 그러다 아이가 점차 성장하여 청소년기에 들어가면 개입 빈도는 줄어들고 아이가 도움을 요청할 때 바른 선택을 하도록 조언하여 든든하게 이끌어줍니다.

그러나 부모가 아이의 발달 수준을 고려하지 않은 채 유아기에도 보호만 하고 문제를 어떻게 해결해야 하는지 알려주지 않는다면 아이는 혼란스럽습니다. 영유아기 아이의 발달과업은 주 양육자와의 '신뢰감'을 바탕으로 '자율성'을 획득한 후, 그 자율성을 바탕으로 '주도성'을 길러나가는 것입니다. 부모가 나를 안아주고, 재워주고, 먹여주는 보호의 역할을 충실히 할 때 애착이 형성되고(신뢰감), 내가 안전하게 할 수 있는 것과 위험해서 할 수 없는 것이 무엇인지 부모가 알려줘야 비로소 자유롭게 세상을 탐색할 수 있습니다(자율성). 그리고 내가 할 수 있는 범위에서 선택하고, 부모가 그것을 인정해줄 때 자기 선택에 대한 확신이 생기죠(주도성).

학령기에 올라가면 하나의 목표를 가지고 꾸준히 노력해서 성취하는 경험이 필요합니다. 유아기에 자유롭게 세상을 탐색하면서 다양한 선택을 해본 아이는 학령기에도 자신이 좋아하는 것을 꾸준히 실행하고 실패해도 계속 도전하게 되는데, 이는 학령기의 발달과업인 '근면성'입니다.

그동안 '다른 사람들과 경험하면서 배우겠지. 나도 부모한테 배운 적이 없는걸' 하고 내버려두다가 이때 부모가 갑자기 가르치려 든다면 아이가 거부하면서 갈등이 불거집니다. 하지만 영유아기부터 부모의 보호와 교육 속에서 신뢰감, 자율성, 주도성을 차근차근 길러왔다면 아이는 근면성을 이루는 과정에서 어려움을 느낄 때 부모를 찾을 것입니다.

이렇게 꾸준히 도전하고 성취하는 경험을 하면서 청소년기에 이른 아이는 '나는 무엇을 잘하는가? 나는 무엇을 할 때 행복한가?'를 고민하며 '자아정체감'을 형성하고 진로를 결정할 때도 부모의 생각과 의견을 경청하죠. 하지만 주객이 전도되어 부모가 아이의 정체성을 고민하고 진로를 결정해버리면 아이는 성인이 되어서도 갈피를 잡지 못한 채 '나는 무엇을 하며 살아야 할까?' 하고 계속 고민합니다.

부모는 아이가 태어나는 순간부터 독립하여 성인이 되기까지 발달단계에 맞는 역할을 다함으로써 아이가 자신에게 주어진 발달과업을 잘 수행하도록 도와줘야 합니다. 아이가 신뢰감을 쌓도록 안정감 속에서 보호하는 역할을 하고, 안전하게 자율성과 주도성을 기르도록 세상의 규칙을 가르치는 교육의 역할을 하며, 근면하여 자아정체감을 확립하도록 든든한 지원자 역할을 한 이후에 부모는 아이와 함께 협력하고 동행하는 길로 나아갑니다. 친구 같은 부모, 함께 여행하고 싶은 부모, 고민을 털어놓을 수 있는 부모, 대화가 잘 통하는 부모…… 누구나 원하는 부모의 모습이죠.

아이는 하얀 도화지를 가지고 태어납니다. 앞으로 이 도화지에 밑그림을 그리고 색을 채워나가야 하는데, 밑그림은 부모와 함께 그리게 됩니다. 하지만 밑그림도 부모 마음대로 그리면 안 됩니다. 아이의 도화지니까요. 밑그림이 아이의 마음에 안 들면 색을 채우는 내내 아이는 불만을 가질 것입니다.

부모의 역할은 연필을 함께 잡되 손힘은 빼고 아이가 원하는 대로 함께 따라가다가 연필이 도화지 밖으로 벗어나려 할 때만 살짝 힘주어 도화지 안으로 들어오도록 도와주는 것입니다. 도화지의 틀(명확한 기준) 안에서 아이가 멋진 그림을 그리도록 합을 맞춰가는 것이죠. 부모와 함께 그림을 그려나간 과정과 그 결과가 마음에 든다면 아이는 또 다른 문제가 주어졌을 때 새로운 도화지를 들고서 또다시 부모를 찾을 것입니다.

나는 아이가 기댈 수 있는 부모일까?

갈등 행동 반응은 아이와 갈등하는 상황에서 부모가 드러내는 양육 태도를 말합니다. 허용적 행동 반응, 통제적 행동 반응, 방임적 행동 반응, (권위 있는) 합리적 행동 반응으로 크게 나눌 수 있습니다. 각 영역의 문항들을 읽고 여러분에게 해당하는 문항을 체크해보세요. 체크한 문항이 많을수록 해당 영역의 행동 반응이 여러분에게서 자주 나타난다는 것을 의미합니다.

허용적 행동 반응 | 아이에게 갈등의 기회를 제공하는가?
- ☐ 나는 아이가 울 때 아이의 감정을 공감해준다.
- ☐ 나는 아이가 울면 안타깝고 안쓰러운 마음이 든다.
- ☐ 나는 아이와 갈등하지 않고 되도록 좋은 방향으로 해결하고 싶다.
- ☐ 나는 내키지 않더라도 아이가 원하면 들어준다.
- ☐ 나는 위험하거나 타인에게 피해를 주는 일이 아니면 허용한다.

☐ 나는 아이의 요구를 거절하는 것이 어렵고 불편하다.

☐ 나는 아이가 울거나 짜증 내는 모습도 귀엽다.

☐ 나는 아이와 의견이 다를 때 주로 내 계획을 수정한다.

☐ 나는 아이에게 상처를 줄 것 같아 두렵다.

★ 허용적 행동 반응을 보이는 부모는 갈등을 만들지 않으려 하고, 갈등이 생기더라도 큰 고민 없이 아이가 원하는 대로 맞춰줍니다. 아이는 주 양육자와 갈등하면서 고민하고 타협해본 경험이 부족하기 때문에, 다른 갈등 상황에서 자기 행동에 책임을 지거나 현재 욕구를 조절하는 만족 지연 능력을 기르는 데 어려움을 느낍니다.

통제적 행동 반응 | 아이에게 선택의 기회를 제공하는가?

☐ 나는 아이와 하루 일과를 함께하는 기준을 가지고 있다.

☐ 나는 아이에게 행동 지침을 구체적으로 말해준다.

☐ 나는 아이가 잘못된 행동을 하면 반드시 멈추게 한다.

☐ 나는 아이와 의견이 다를 때 내가 원하는 방향으로 설득한다.

☐ 나는 한 번 안 된다고 말한 것은 허용하지 않는다.

☐ 나는 아이가 정해진 규칙을 깨도록 두지 않는다.

☐ 나는 아이에게 무엇이 필요한지 알고 있다.

☐ 나는 아이가 약속을 지키지 않으면 불이익을 준다.

☐ 나는 아이가 나의 통제 범위를 벗어나면 불안하다.

★ 통제적 행동 반응을 보이는 부모는 아이와 갈등하는 상황에서 자신이 주도적으

로 문제를 해결하려 합니다. 아이와 함께 고민하고 타협하는 것이 아니라 부모가 정해놓은 방향으로 이끌기 때문에 아이는 위축되거나 쉽게 포기하는 모습을 보입니다.

방임적 행동 반응 | 부모에게 문제를 해결할 의지가 있는가?
- [ ] 나는 아이가 울거나 떼쓰면 그 자리를 피하고 싶다.
- [ ] 나는 아이의 문제를 함께 고민할 마음의 여유가 없다.
- [ ] 현재 문제는 아이가 자라면서 자연스럽게 해결될 것이다.
- [ ] 나는 아이가 왜 울고 떼쓰는지 그 이유를 모르겠다.
- [ ] 나는 갈등 상황이 생기는 것 자체가 피곤하다.
- [ ] 나는 아이가 잘못된 행동을 하면 모른 척한다.
- [ ] 배우자가 훈육하기 때문에 내가 직접 훈육할 일이 없다.
- [ ] 내가 편해지기 위해 아이가 원하는 것을 들어준다.
- [ ] 나는 아이를 만날 시간이 되면 부담스럽고 걱정이 앞선다.

★방임적 행동 반응을 보이는 부모는 갈등을 해결할 의지가 없어서 무분별하게 아이의 요구를 들어주거나 문제를 그대로 방치합니다. 아이는 갈등 상황에서 고립감을 느끼며, 이는 만연한 짜증과 분노로 표출됩니다.

합리적 행동 반응 | 아이와 함께 고민하고 타협하여 문제를 해결하는가?
- [ ] 나는 아이의 행동으로 인해 나타나는 결과를 말해준다.
- [ ] 나는 갈등 상황에서 아이가 그렇게 행동한 이유를 묻는다.

- [ ] 나는 갈등 상황에서 아이에게 스스로 선택할 기회를 준다.
- [ ] 나는 함께 정한 규칙이라면 함께 바꿀 수도 있다고 생각한다.
- [ ] 나는 갈등 상황에서 나와 아이 모두에게 좋은 방향을 고민한다.
- [ ] 나는 문제 해결을 위해 고민한 내용을 아이에게 알려준다.
- [ ] 나는 아이가 표현하는 불만이나 고민을 중요하게 여긴다.
- [ ] 나는 갈등 상황에서 문제를 해결하는 방법은 여러 가지가 있음을 알려준다.
- [ ] 나는 평소에도 아이가 어려워하는 점을 돕기 위해 대화한다.

★합리적 행동 반응을 보이는 부모는 문제 해결 과정에 아이를 참여시킵니다. 커다란 기준은 있지만 그 안에서 선택권을 주기 때문에 아이는 갈등 상황에서 고민하고 타협하면서 문제를 해결해나갑니다.

Chapter
3

성공적인 훈육은 정확한 표현에서 시작된다

아이를 오해하게 만드는 부모의 실수

영유아기 아이는 직관적으로 사고하기 때문에 평소와 달리 부모의 표정과 목소리가 단호해지면 부모가 이성적으로 훈육해도 '나를 미워해'라고 오해하면서 의심 프로세스를 작동합니다. 부모는 필요한 훈육을 할 뿐인데 애정성에도 영향을 미치는 것이죠. 그래서 여기에서는 아이가 부모의 사랑을 오해하게 만드는 실수들, 그중에서도 많은 부모가 거부적 표현임을 모른 채 흔히 사용하고 있는 방법들을 다룹니다.

"울음 뚝 그쳐!", 아이의 부정적 표현을 통제하지 말 것

분노와 울음은 원인이 있을 때 나타나는 결과의 모습입니다. 아이가 왜 화났는지, 왜 울고 있는지 그 원인에 대한 이야기 없이 "던지면 안 돼! 울지 마!" 하고 결과에 대해서만 얘기한다면 훈육에 성공할 수 없습니다. 물론 아이도 감정을 조절하는 방법, 울지 않고 말하는 방법을 배워야 합니다. 하지만 누구나 멈추고 싶어도 멈추지 못할 때가 있습니다. 그것은 아이만의 문제가 아니죠.

하루 종일 연락도 없이 밤늦게 들어온 남편이 소리를 지르는 아내에게 "소리 좀 지르지 마! 목소리는 낮추고 얘기하자"라고 말한다면 아내는 진정할 수 있을까요? 아마도 그 말 때문에 더욱 화가 솟구칠 것입니다. 눈물이 날 만큼 슬픈 상황에서 누군가 그만 울라고 한다면 울음이 그쳐지나요? 소리는 참아져도 흐르는 눈물까지 통제하기는 어렵습니다.

하물며 지금 아이에게 그만하라고 말하는 사람은 아이가 가장 의지하고 싶은 나의 엄마, 아빠입니다. 더 슬픈 소식은 아이가 울음을 그쳐도 아이스크림을 먹을 수 있을지는 미지수라는 점이죠. 아이스크림이 먹고 싶어 힘들게 울음을 멈춘 아이에게 부모는 어떤 말을 해줄까요? 울음은 그쳤지만 결국 "오늘은 아이스크림을 먹을 수 없어"라는 말을 듣게 된다면 아이는 이렇게 생각할 것입니다. '울음을 그쳐도 결과는 똑같구나. 더 크게 울어버리자! 우리 엄마, 아빠는 너무해!'

부모는 아이가 원하는 것을 할 수 있도록 안내하는 사람이어야 합니다. 훈육이 '안 돼!'에서 끝난다면 부모는 언제나 아이의 행동을 통제하는 사람이 됩니다. 훈육을 통해 부모가 아이에게 가르쳐야 할 가치는 '이건 안 되지만 다른 건 돼', '지금은 안 되지만 나중에는 돼', 즉 '안 돼!'가 아니라 '돼!'입니다. 어떻게 하면 아이가 원하는 것을 얻을 수 있는지 알려주고 만족감을 느끼도록 하는 것이 진짜 훈육의 목적인 것이죠.

아이가 장염으로 과일을 먹을 수 없다면 "과일은 안 되지만 네가 좋아하는 달걀찜은 먹을 수 있어", 혹은 "오늘이랑 내일만 참고 다 나으면 딸기를 사 먹을까?" 하는 거예요. 이때 아이가 죄다 싫고 지금 당장 과일을 먹겠다고 한다면 아이가 먹고 싶어 하는 과일을 같이 인터넷으로 주문하거나, 다른 좋아하는 놀이를 제안하면서 결국은 만족감을 주어야 합니다.

하지만 아이에게 만족감을 주기 위해 아이의 오케이 사인이 떨어질 때까지 달래고 설득하라는 의미는 아니에요. 울고 떼쓰는 아이에게는 단호함을 유지하며 대안을 제시해야 합니다. 중요한 점은 이 순간에도 울고 떼쓰는 행동이 아닌 아이의 욕구에 집중해야 한다는 것입니다. 원인이 아니라 결과인 아이의 부정적인 표현을 물고 늘어진다면 아이는 울음을 그칠 동력을 잃어버리고, 울음을 그치더라도 '내가 원하는 것은 그게 아니라고! 엄마는 말이 안 통하는 사람이야'라고 생각할 테니까요.

아이의 욕구에 집중하여 "네가 무엇을 원하는지 알고 있어!"

오랜 시간 아이들을 만나면서 제가 시도한 방법 중에서 아이의 울음을 가장 빨리 멈추는 방법은 "울음 뚝 그쳐!"가 아니라, 그 순간 아이가 원하는 바를 단호하게 확인하는 것이었습니다. 안아달라고 칭얼거리는 아이에게는 "엄마가 안아줬으면 좋겠어?", 같이 나가 놀자고 우는 아이에게는 "엄마랑 상담실 밖에서 책을 읽고 싶지?" 하고요. 아이들은 자기 욕구를 읽어줄 때 비로소 울음을 멈추고 제가 준비한 이야기를 들어줬습니다.

하지만 아이가 울면서 떼쓸 때 가장 많이 하는 말이 "울음을 그쳐야 들어줄 거야"라고 해도 과언이 아닐 만큼 우리는 이 말을 자주 사용해왔습니다. 어린 시절에 "뚝!"이라는 말로 아이의 울음을 그치려 하던 어른들의 모습에도 아주 익숙하죠. "그만 울어야지. 울면 아기잖아"라고 타이르는 말이라도 한 번쯤 해봤을 것입니다.

그렇다면 우리는 지금까지 잘못 훈육한 걸까요? 그렇지 않습니다. "울음 그쳐!"라는 말은 금기어가 아니에요. 일부러 크게 울면서 주도권 경쟁을 하는 아이에게는 울음을 그치라는 말로 훈육할 수 있고, 때로는 전략적으로 울음을 무시할 필요도 있습니다. 그런데도 제가 아이의 부정적 표현을 통제하지 말라고 강조하는 이유는, 부모들이 이 말 그대로 아이의 울음이 정말 그칠 때까지 내버려뒀다가 그 뒤에 대화를 시도하는 경우가 많았기 때문입니다. 아이의 욕구가 무엇인지는 뒤로한 채 앞뒤 없이 일단 '울음 그치고 와'의 태도는 안 된다는 의미입니다.

한동안은 "안 돼"라는 말을 쓰면 안 된다는 육아서 내용 때문에 엄마들 사이에서 "안 돼"는 금기어가 되었죠. 제가 아이와의 대화에 "안 돼"라는 말을 쓸 때면 어김없이 그런 말을 써도 되느냐고 물어오곤 했습니다. 누군가 "안 돼"를 사용하지 말라고 했다면 아마도 "안 돼"가 통제의 말이기 때문일 것입니다. 제가 훈육은 '통제'가 아닌 '해결'이어야 한다고 말한 것과 같은 의미죠.

"안 돼"라고 말하더라도 해결의 관점에서 대신 무엇이 되는지 대안을 함께 제시한다면 그 말 자체는 문제가 아닙니다. "안 돼"라고 말하지 않더라도 아이에게서 위험한 물건을 빼앗고, 우는 아이를 번쩍 들어 자리를 이동하는 것도 아이의 입장에서는 '안 돼'입니다. "그러면 위험해", "이건 엄마 거야"라고 얘기하는 것 역시 '안 돼'의 또 다른 표현일 뿐입니다.

이 같은 맥락에서 "울음 그쳐! 던지면 안 돼! 약속했잖아!" 등 아이의 현재 행동을 통제하는 표현도 쓸 수는 있습니다. 하지만 그것이 훈육의 중심이 된다면 아이는 부모의 훈육을 통제로 받아들이고 귀를 닫게 됩니다. 아이의 욕구에서 시작된 훈육의 원인을 먼저 해결해야 결과로 나타난 아이의 부정적인 행동(울고 떼쓰기, 물건 던지기, 약속 거부 등)도 바로잡을 수 있습니다. 그러니 아이의 부정적인 표현을 통제하기보다 아이의 욕구에 집중하세요.

"뭘 잘못했는지 생각해봐", 아이를 혼자 내버려두지 말 것

육아 때문에 힘들어 눈물이 나는데 남편이 자리를 박차고 일어나며 "이건 운다고 해결될 일이 아니야" 하고 사라진다면 남편에게는 갈등을 해결할 의지가 있는 걸까요? 설령 그럴 의지가 있더라도 남겨진 아내는 그 순간 자기 혼자 고민을 짊어지고 있다는 생각과 함께 배우자에 대한 분노마저 일 것입니다.

훈육은 통제가 아닌 해결이어야 한다고 말씀드렸습니다. 떼쓰는 아이를 울다 지칠 때까지 혼자 두거나, 생각하는 의자에 앉히는 것은 부모에게 이를 해결할 의지가 없음을 공표하는 것입니다. 동등한 입장에서 자녀 문제를 함께 고민해야 할 부부 사이에서도 서운하고 화나는데, 내가 전적으로 의지하고 있으며 내 문제를 해결해줘야 할 부모가 모른 척한다고 느낀다면 어떨까요? 분노, 서운함, 절망, 실망, 두려움, 외로움 같은 부정적 감정들이 올라올 것입니다.

하지만 우리는 아이에게 스스로 울음을 그칠 기회를 주고, 생각하는 의자에 앉아서 고민하는 시간을 갖도록 하는 것이 바른 훈육이라는 이야기를 종종 들어왔습니다. 저도 때로는 아이의 울음을 무시하고, 타임아웃으로 아이의 행동을 통제하는 훈육을 하기도 합니다. 도대체 어쩌라는 건지 헷갈리시죠?

가령 같은 레시피로 요리해도 요리사의 경력과 조리 도구 같은 변수에 따라 음식의 맛은 달라집니다. 같은 사람이 요리해도 먹는 사람이 선호하는 음식인지, 배가 고픈 상태인지에 따라 음식에 대한 평가 역시 달라지죠. 하지만 달걀 삶기는 어떤가요? 물의 양과 가열 시간만 알면 누가 삶아도 비슷한 맛이 납니다. 요리의 난이도가 높고 먹는 대상의 입맛이 까다로울수록 레시피를 정확히 파악하고 시행착오를 통해 연습하는 과정이 필요합니다.

훈육도 마찬가지입니다. 칭찬으로 아이의 긍정적인 행동을 강화하고 앞으로 일어날 수 있는 문제 상황에 대해 미리 이야기를 나누는 등 누구나 쉽게 시도할 수 있는 기본적 훈육이 있는 반면에, 실패할 확률이 높은 훈육법도 있습니다. 우는 아이를 무시하거나 생각하는 의자에 앉히는 것처럼 부모와 아이를 심리적 혹은 신체적으로 분리하는 방법은 고난도 훈육법입니다. 평소에 부모와 아이 사이의 애착이 불안정하거나 아이의 기질이 예민하다면 배부른 미식가를 만족시킬 정도의 기술이 필요한 것이죠.

무시하기 훈육으로 혼자 울고 있는 아이는 무슨 생각을 할까요? '앞으로는 놀이터에 다녀와서 바로 손을 씻어야겠어'라고 생각할까요? 우느라 정신없어서 오히려 아무 생각이 안 날 것입니다. 아이가 울음을 그친 후 손을 씻으려고 순순히 따라오면 부모는 무시하기 훈육이 통했다고 생각하겠지만, 다음 날에도 같은 상황이 반복될 가능성이 높습니다. 아이는 부모와 함께 생각하고 대안을 선택하는 과정 없이 스스로 그냥 진정된 것이기 때문이죠.

무시하기 훈육도 아이의 연령과 울음 강도 등에 따라 필요할 때가 있습니다. 예를 들어 돌 전후의 아기라면 울 때 반응하지 않고 시간 차이를 두어 대안으로 관심의 방향을 바꿔야 합니다. 이때도 무시하기만으로는 효과가 없기 때문에 즐거운 대안이 반드시 있어야 하죠. 아무리 욕구를 읽어줘도 무아지경으로 떼쓰는 아이에게도 무시하기를 사용합니다. 하지만 이것은 서열을 잡기 위한 과정이지 가치를 전하는 훈육이 아닙니다.

생각하는 의자는 어떨까요? 백번 양보해서 아이가 생각하는 의자에 앉아 '동생을 때린 일은 잘못한 거야. 장난감을 가지고 싶었어도 그러면 안 됐어'라며 반성했다고 가정하겠습니다. 아이가 그렇게 생각하고 가치를 배웠으니 훈육에 성공한 걸까요? 물론 그럴 수도 있습니다. 다만 전제가 필요합니다. 평소에 부모에 대한 신뢰가 뒷받침돼야 하고, 밑도 끝도 없이 생각하는 의자에 밀어 넣기 전에 아이에게 충분히 설명하고 대안을 주었어야 합니다. 그런데도 아이가 떼쓰기를 멈추지 않아 마지막 단계에서 아이의 분리를 결정한 것으로, 의자에 앉아 있는 시간도 길지 않아야 하죠. 고난도 훈육법이니까요.

종종 "우리 아이는 방에 들어가서 생각하라고 하면 바로 무엇을 잘못했는지 말하고 동생한테 양보도 해요"라면서 이 방법이 가장 쉬운 훈육이라 생각하는 부모를 만납니다. 이때 우리는 두 가지를 점검해야 합니다.

하나는 이 아이가 생각하는 의자를 사용할 만큼 훈육이 통하지 않는 아이가 아닐 가능성입니다. 즉 욕구를 읽어주고 선택권을 제시하는 논리적 훈육이 가능한데 강한 훈육으로 아이의 부정적인 감정만 자극하고 있는 것이죠.

다른 하나는 아이가 빨리 이 상황을 벗어나기 위해 엄마가 원하는 정답을 말할 가능성입니다. 그나마 답변을 하면 훌륭하죠. "생각했어?" "……." "아직도 생각 안 했구나." "……했어, ……했어." "그래, 뭘 잘못했어?" "……." 이렇게 대부분은 대답하고 싶어도 정말 무엇을 생각하고 얘기해야 할지 모르는 경우가 많습니다. 부모를 화나게 하려는 게 아니에요.

화나거나 불안할 때 여러분은 자기 생각을 논리 정연하게 풀어낼 수 있나요? 부모는 해도 아이는 못 합니다. 의미 없는 시간 낭비로 아이와의 관계를 망치지 마세요. 아이를 분리하여 혼자 두는 대신에 나는 이 상황을 빨리 해결하고 너와 함께 즐거운 시간을 보내고 싶다는 메시지를 적극적으로 전해야 합니다.

아이의 울음이 잦아드는 순간에
"내일은 네가 원하는 것을 해줄 거야!"

울며불며 떼쓰는 아이를 상대로 대화할 힘도 없고 방법도 모르겠다면 아이가 지칠 때까지 울도록 내버려두거나 분리하는 대신에 이렇게 해보세요. 울음이 잦아들 때마다 "엄마도 놀이터에 가고 싶어", "내일 미끄럼틀을 많이 탈까?" 하고 아이가 원하는 주제로 말을 겁니다. 그렇게 부모가 말을 걸면 그 순간 아이의 울음은 더 거세질 거예요. 그러면 잠시 기다렸다가 울음이 잦아들 때 다시 "엄마가 내일은 어느 놀이터에 갈지 보여줄 거야. 어떤 미끄럼틀이 있는지 보고 싶으면 엄마한테 와"라고 단호한 목소리로 얘기합니다.

'지금은 놀이터에 갈 수 없어'만 전하는 게 아니라 '지금은 안 되지만 내일은 돼', '내일은 더 재미있는 놀이터가 기다리고 있어'라는 메시지를 전하는 것이죠. 적극적으로 훈육하지 않더라도 이런 과정을 통해 아이는 생각할 것입니다. 부모의 입에서 자기가 원하는 이야기들이 나오고 있으니까요. 이전과 똑같이 한 시간을 울었더라도 부모는 아이를 혼자 두지 않았으니 다음을 기약할 수 있습니다.

부모에게서 아이를 분리하는 고난도 훈육일수록 그 의도와 방법을 정확히 알고서 실행해야 합니다. 섣불리 따라 했다가는 오히려 부모의 사랑을 오해하게 만들죠. 훈육하기 어렵게 느껴질수록 쉬운 훈육법부터 시도해보세요. 아이의 욕구에 집중하는 훈육일수록 쉽습니다.

"엄마 지금 화났어!", 아이가 먼저 다가올 때 거부하지 말 것

제 생일이었습니다. 언제부터인가 생일 축하 시간은 누구의 생일이든 딸아이가 주인공이었고, 그날도 촛불 끄기를 좋아하는 아이를 위해 케이크를 준비했죠. 그런데 아이가 갑자기 엄마 생일을 축하해주기 싫다는 거예요. 나중에 그 이유를 들어보니 자기 생일이 아닌 엄마 생일이라 심통이 난 것이었습니다. 어릴 때는 촛불만 있으면 만족했지만 이제는 의미도 중요해진 것이죠. 그만큼 아이가 성장한 것인데 그 순간에는 '일곱 살이나 돼서 이런 일로 칭얼대다니'라고 짜증스러운 감정부터 올라왔습니다.

"그래, 엄마 생일은 축하하지 말자. 억지로 축하할 필요는 없어"라고 냉정한 말을 뱉어버렸죠. 아이는 "엄마가 생일 축하를 안 한 대!" 하고 울먹거리면서 갑자기 거실에서 분노의 피아노를 치기 시작하더군요. 우는 와중에 헤드폰까지 챙겨 쓰고 건반이 부서져라 두드려대는 모습을 피식 웃으면서 지켜보다가 깜빡 잠들었나 봅니다. 눈을 떠보니 아이가 눈물을 글썽거리며 편지를 내밀고 서 있었죠. 아이가 준 편지에는 이렇게 적혀 있었습니다. "엄마 생일을 축하해주고 싶어요. 립스틱도 사주고 싶어요."

아이는 엄마가 알아주기를 바라면서 더 크게 울고 피아노까지 쿵쾅거렸는데 아무런 반응이 없자 화해의 몸짓을 취한 것입니다. 순간 너무 미안하고 안쓰러운 마음이 들었습니다. 이미 아이는 여러 번 속상한 마음을 표현했는데 제가 다가가지 않았으니까요. 생일을 축하하기 싫다고 했을 때 좀 더 물어볼걸, 울면서 거실로 나갈 때 불러서 애기할걸, 피아노를 두드릴 때 먼저 다가가 말을 걸어볼걸…… 그렇게 지나친 순간들이 후회로 다가오더군요.

저는 아이의 편지를 소리 내어 읽고 꼭 안아줬습니다. 아이는 기다렸다는 듯 제 가슴에 안겨 더 크게 울었습니다. 분노의 눈물이 아닌 안도의 눈물임이 느껴졌죠. 그 후 우리는 왜 엄마 생일을 축하하고 싶지 않았는지, 아이의 생일까지는 얼마나 남았는지 여러 이야기를 나눈 뒤에 즐거운 생일 축하 시간을 다시 가졌습니다.

이렇게 우리는 아이가 먼저 다가오는 순간을 경험합니다. 아이가 먼저 다가오면 마음이 풀어져 안아주게 되지만, 때로는 마음의 준비가 안 되었는데 불쑥 다가오면 거부적 표현이 나오기도 합니다. 하지만 아이가 다가왔을 때 부모의 감정이 안 좋다 하여 "엄마 아직 화 안 풀렸어"나 "엄마는 지금 놀 기분이 아니야"라고 말한다면, 불안해서 엄마의 반응을 살피러 온 아이에게 '너를 사랑하지 않아'라고 의심 프로세스의 스위치를 켜고 확인 도장까지 찍어주는 셈입니다. 당장 부모의 감정을 표현해서 속 시원한 것은 아주 잠깐일 뿐, 이후로 더 오랜 시간 아이의 마음에 켜진 의심 스위치로 인해 고비를 맞게 되죠.

이런 실수는 이성적인 훈육을 한 뒤에도 나타납니다. 아이는 바른 훈육 덕분에 좋은 감정으로 엄마에게 다가갔는데 엄마는 훈육 과정에서 계속 자기감정을 억누르다 보니 지친 것이죠. 이럴 때는 아이를 진심으로 받아줄 수 없기 때문에 거부적 표현을 직접적으로 하지 않아도 지친 표정이나 말투에 실리고 맙니다. 이 사실을 알아도 누구나 훈육을 마친 후 감정적으로 힘들 때가 있습니다. 그 순간의 불편한 감정을 인위적으로 없애기는 어렵죠.

훈육의 마무리는 언제나 따뜻하게 안아주기

훈육을 마친 후 아이에게 먼저 다가가기 어렵고, 아이가 다가와도 받아줄 마음의 여유가 없다면 앞으로는 이렇게 해보세요.

아무 말 없이 아이를 안고서 흔들흔들합니다. 아이에게 안정감을 주면서 엄마도 마음을 진정시킵니다. "엄마 옆에서 그림을 그릴래? 스케치북을 가져다줄게" 하고 아이가 평소에 좋아하는 활동을 제안하면서 아이의 관심이 엄마에게 집중되지 않도록 하는 것도 좋습니다. 잠시라도 혼자 있고 싶다면 "잠깐만 여기에 있어. 엄마가 물 마시고 와서 안아줄게" 하고 직접적으로 거부하지 않으면서 잠시 거리를 두는 방법도 있습니다.

　평소처럼 사랑을 가득 담아 표현하지는 않아도 부모가 안아주고, 아이가 좋아하는 것을 제안하고, 부모가 다시 돌아와 안아줄 것을 분명히 한다면 아이의 불안이 낮아지고, 부모의 마음을 다스릴 수 있는 최소한의 시간은 벌어줄 거예요.

　어린 시절 훈육이나 갈등 이후에 부모님이 나를 대했던 마지막 모습들을 떠올려보세요. 부모님이 끝까지 당신의 입장을 굽히지 않고 가르치려 했거나 냉정하게 대했다면 수십 년이 지난 지금도 그때의 부정적인 감정이 되살아날 것입니다. 하지만 그 과정이 험난했어도 마무리 과정에서 부모님이 따뜻하게 안아주면서 내 이야기를 들어주려 했다면 '그때는 그랬지'라고 추억할 수 있죠.

　어린 시절에 저는 엄마에게 사랑을 듬뿍 받았지만 그 이상으로 잔소리도 많이 들었습니다. 청소년기에 접어들어 엄마한테 말대꾸하면서도 사실은 알았습니다. 엄마의 잔소리는 언제나 진리라는 것을요. 틀린 말 하나 없고 다 나를 위한 말이었지만 솔직히 듣기는 싫었습니다. 엄마는 훈육이고 나는 말다툼인 크고 작은 갈등이 끝나면 저는 주로 문을 닫고 방으로 들어갔는데, 그 문을 먼저 여는 쪽은 항상 엄마였습니다. "연경아, 과일 먹자" 하고 아무렇지 않게 제 책상 위에 과일을 놓고 가거나, 때로는 "엄마가 미워해서 그러는 게 아니야"라는 말로 저를 다독였죠. 엄마가 그렇게 다녀가고 나면 불편한 마음이 온데간데없이 사라지곤 했습니다. 지금도 무엇 때문에 설전했는지는 기억나지 않고, 엄마가 과일을 들고 제 방문을 살며시 열던 모습만 기억나네요.

　아이를 키우면서 갈등 없이 화내지 않고 언제나 이성적인 훈육만 할 수는 없습니다. 아무리 부모가 이성적으로 훈육하더라도 아이의 입장에서 훈육은 언제나 불편한 것이에요. 그래서 훈육은 마무리가 너무 중요합니다. 그 과정이 바람직한 이성적 훈육이었든, 감정만 폭발했던 '화육(火育)'이었든 언제나 먼저 다가가주세요. 고맙게도 아이가 먼저 다가온다면 기다렸다는 듯 사랑을 표현해주세요. 그러면 아이는 따뜻하게 다가와준 부모의 그 모습을 기억해줄 것입니다.

"웃기지? 이래도 안 웃을 거야?", 흐지부지 넘어가지 말 것

　훈육을 하다 보면 흐지부지 끝나는 경우가 의외로 많습니다. 짜증을 내던 아이가 갑자기 웃음이 터져서 허무하게 끝나기도 하고, 부모가 일부러 노리고 아이를 웃기기도 합니다. 부모가 말하는데 아이가 그냥 나가버릴 때도 있고, 훈육이 너무 길어져 아이가 잠들 때도 있죠. 훈육 중에 손님이 방문해서 흐지부지되거나 밖에서는 보는 눈이 많아 대충 지나가기도 합니다. 그리고 이렇게 끝난 훈육은 다시 들추는 경우가 별로 없습니다. 사랑하는 아이와 웃으면서 보내기도 부족한데 잘 놀고 있는 아이를 굳이 데려와 집안 분위기를 망치고 싶은 부모는 없으니까요.

　하지만 뭐든 대충 덮으면 탈이 나는 법입니다. 부부 싸움을 하다가 출근 시간이 급하여 흐지부지됐는데 퇴근 후에 만나면 아무 문제가 없나요? 겉으로는 아무렇지 않은 척 지낼 수 있지만 미해결된 문제는 비슷한 상황에서 다시 터집니다. 특히 간식을 좋아하는 아이는 온종일 간식 타령을, 형제끼리 자꾸 다투는 집에서는 하루에도 몇 번씩 장난감 전쟁을 하기 때문에 한두 번은 흐지부지 넘어가더라도 마지막에는 부모가 참을 수 없는 상황에 이르게 되죠.

흐지부지한 훈육을 바로잡는 세 가지 기준

앞으로는 훈육이 흐지부지되지 않도록 다음 세 가지 기준을 세워서 실행해보세요. 첫 번째 기준은 부모가 먼저 흐지부지하게 만들지 않는 것입니다. 일단 훈육해야 할 상황이 온다면 부모가 원하지 않았어도 부모로서 문제를 해결할 의지를 보여주세요.

적어도 아이를 간질이면서 웃긴 표정을 짓거나, 아이가 우는 모습을 흉내 내면서 웃음을 유발하지 않아야 합니다. 아이가 잠깐은 웃으며 울음을 멈출지도 모르지만, 자신은 지금 심각한데 부모가 웃음으로 무마하려는 모습 때문에 더 짜증이 나고 기분이 상할 수 있습니다. 나는 진지한데 상대가 "왜 그래~ 밥이나 먹으러 가자~ 웃어, 웃어! 웃기지?" 하고 장난을 걸어온다면 어떨까요? 어이가 없고, 심하게는 나를 무시하는 것 같은 생각마저 들 거예요.

문제 해결 역할은 없이 그 순간만 넘기려는 목적으로 부모 자신을 우스꽝스럽게 만들면 단호한 훈육이 필요한 순간에 부모의 말은 힘을 잃습니다. 아이와 갈등하는 것이 싫고 훈육이 어렵게 느껴진다면 아이가 무엇을 원하는지 먼저 진지하게 들어보세요. 결국 아이가 원하는 것을 들어주게 되더라도 그 상황 자체를 흐지부지하는 것보다는 부모의 권위를 지키기에 좋은 방법입니다.

두 번째 기준은 아이가 훈육을 흐지부지하게 만들 때 잠깐이라도 짚고 넘어가는 것입니다. 부모가 훈육하고 있는데 아이가 웃으며 장난을 치거나 그냥 그 자리를 벗어난다면, 이는 의식적으로 훈육을 회피하는 것입니다. 간식을 달라거나 놀이터에 나가겠다면서 아이가 부모에게 요구하는 상황에서 이렇게 회피하는 모습을 보인다면 이는 '나 간식 안 먹을게, 나 놀이터 안 가도 돼'를 의미하는 거예요. 부모의 의지를 파악하고 자기 욕구를 포기하는 것이죠. 이럴 때는 아이가 먼저 한발 물러선 것이므로 "엄마랑 밥 먹고 나서 간식 먹을 거야?", "아빠랑 놀이터에 언제 갈지 정해볼까?" 하고 지금은 안 되지만 언제 되는지 아이가 원하는 욕구에 맞추어 대화를 시도하며 훈육을 짧게 마무리합니다.

하지만 반대로 '양치하자'나 '동영상 그만 봐야지'라고 부모가 요구하는 상황에서 아이가 회피하는 모습을 보인다면 이는 자기 욕구는 그대로 두고 훈육만 피하는 것입니다. 이런 경우에 부모가 "이따가 꼭 양치해야 돼"라는 식으로 애매한 메시지를 주면 아이는 회피를 통해 양치를 미루는 방법을 학습합니다. 따라서 지금은 잠시 허용해주지만 결국은 그 행동을 해야 하는 상황이라면, 허용해주는 순간에 명확하게 얘기해주세요.

양치 대신 블록 놀이를 허용한다면 "양치 안 하고 싶어?"라고 아이의 욕구를 읽어준 후 "그럼 블록 놀이를 몇 번 더 할래?" 하고 놀이는 허용해주지만 끝내는 것을 전제로 말합니다. 그다음에 "양치를 안 할 수는 없어. 이 아프면 안 되잖아. 그럼 블록 놀이를 세 번만 더 하고 양치하러 가자" 하고 양치해야 하는 이유와 함께 기준을 다시 한 번 언급함으로써 '양치는 해야 돼'라는 가치를 분명하게 전달합니다.

세 번째 기준은 부모나 아이의 의도가 아니라, 아이가 잠들거나 손님이 오시는 등 외부 요인에 의해 훈육이 중단되면 다음을 기약하는 것입니다. 다음을 기약함은 "일단 자고 일어나서 얘기하자"나 "할머니 가신 다음에 두고 보자"라고 아이를 협박하는 게 아니에요. 아이가 잠에서 깨고, 손님이 집으로 돌아간 다음에 두 번째 기준인 '잠깐이라도 짚고 넘어가기'를 하는 것입니다. 하지만 아이가 깨자마자, 할머니가 가시자마자 "아까 말이야……" 하고 대화를 시작한다면 아이는 어떤 상황인지 이해하기도 어렵고 더욱 거부할 거예요.

이때는 긍정적인 분위기에서 가치를 전하는 '긍정 훈육'으로 접근해야 합니다. 지금 당장 간식을 달라고, 놀이터에 나가겠다고 떼쓰는 게 아니니까요. "일어났어? 아까 놀이터에 가고 싶다고 울다가 잠들었지? 엄마랑 어느 놀이터에 갈지 찾아볼까?"라고 아이가 원했던 것에 대해 얘기하고 "아까는 낮잠 잘 시간이라 못 간 거야. 졸리면 힘들어서 많이 못 놀잖아"라고 훈육의 가치를 전합니다.

갈등이 있다고 언제나 훈육을 할 수는 없습니다. 흐지부지 그냥 넘어갈 때도 있는 거죠. 하지만 훈육이 누구에 의해 어떤 상황에서 흐지부지되는지는 부모가 알아야 합니다. 그래야 흐지부지되는 상황에서도 일관된 훈육의 가치를 전할 수 있습니다.

"좋은 말로 할 때 들어!", 애매하게 말하지 말 것

"아이 때문에 가장 화나고 감정 조절이 안 되는 순간을 적어주세요." 훈육 수업을 할 때 부모님에게 묻는 질문 중 하나입니다. 가장 많은 답변은 바로 "여러 번 얘기해도 듣지 않을 때"인데, 처음에는 좋게 타이르면서 두세 번 얘기하는데 그래도 듣지 않으면 결국 화가 폭발한다는 것입니다. 부모가 여러 번 말했다는 것은 처음 말했을 때 아이의 반응이 없었거나 부정적이었다는 뜻이고, 그러는 동안 시간도 꽤 소요됐을 것입니다. 밥이 따뜻할 때 먹이고 빨리 잠을 재워야 하는 엄마의 입장이라면 말하는 동안 마음이 조급해지겠죠. 이런 상황에서 엄마는 정말 좋은 말로 아이에게 말을 건넸을까요?

부모가 결국 "좋은 말로 할 때 들어!"라고 소리친다면 아이는 "도대체 언제 좋은 말로 했는데?"라고 반항할지 모릅니다. 그렇다고 "우리 아들이 좋아하는 닭볶음탕 좀 먹자"라면서 친절하게 말한다고 들을 아이들도 아니죠. 지금 아이는 먹기 싫은 밥을 먹어야 하고, 좋아하는 게임을 멈춰야 하는 상황이니까요. 고압적으로 말하면 기분이 나빠서 따르지 않고, 부드럽게 말하면 위기감이 없으니 또 그런대로 시간을 끌고, 결국 엄마는 폭발하고 맙니다.

훈육 메시지를 전할 때는 말도, 표정도, 행동도 명확하게

앞에서 말씀드린 대로 훈육 메시지는 명확해야 합니다. '밥을 먹어야 한다'나 '자야 할 시간이다'를 가르쳐야 한다면 처음부터 아이에게 다가가서 확실히 얘기해주세요. 여러 번 말해도 아이가 듣지 않았다면 그것은 아이가 부모를 무시한 게 아니라 부모가 훈육을 시작하지 않은 거예요. 아이는 지금 자신이 좋아하는 놀이를 하고 있을 뿐입니다. 특히 아이가 좋아하는 활동을 멈추고, 싫어하는 무언가를 해야 할 상황이라면 더더욱 공을 들여야 합니다. 엄마가 멀리서 툭툭 던지는 말들을 열심히 주워 담아 듣는 아이는 없어요. 진짜 대화는 시작도 안 했는데 대화를 거부하고 싶게 만드는 부정적 분위기만 조성할 뿐입니다.

놀이를 멈추고 밥을 먹어야 하거나 자야 하는 상황이라면 놀고 있는 아이에게 다가가 "이제 밥 먹을(자야 할) 시간이야. 밥 먹고 나서(자고 나서) 엄마랑 놀이할까?" 하는 것이 먼저입니다. 이런 과정 없이 멀리서 "밥 먹자"만 반복하다가 반응 없는 아이에게 화가 나서 "엄마가 밥 먹으러 오라고(자러 오라고) 몇 번을 말했어!" 하면 안 된다는 거예요.

그렇다면 처음부터 확실히 부모의 의사를 전달하면 명확한 훈육일까요? 아이의 등원 거부는 부모의 애매한 행동으로 그 거부가 더욱 심해지는 대표적 사례입니다. 아이가 등원하지 않겠다고 요구해도 들어줄 수 없기 때문에 이 경우에는 부모도 처음부터 "오늘은 어린이집에 가야 돼"라고 정확하게 메시지를 주는 편입니다. 그런데

언어적 메시지를 정확히 하더라도, 아이의 머리를 쓸어 넘기고 손을 만지작거리며 끌어안고서 얘기하는 등 비언어적 메시지가 부정확하다면 이것 역시 애매한 훈육입니다. 그런 동작은 부모의 메시지가 담백하게 전달되는 것을 방해합니다. 나는 엄마랑 계속 같이 있고 싶은데 엄마가 나를 다정히 안아주면 '내가 좀 더 울어볼까? 더 슬퍼하면 엄마가 같이 있어주지 않을까?'라고 오해하는 것이죠.

하지만 현실은 어떤가요? 엄마는 결국 나를 두고 떠나버립니다. 그때의 배신감은 이루 말할 수 없습니다. 어떻게 해줄 수 없는 상황에서 아이가 떼를 쓴다면 "오늘은 어린이집에 가야 돼"라고 아이의 눈을 바라보며 침착하게 확신에 찬 목소리로 얘기해야 합니다. 단호하고 명확한 표현은 지금 헤어지는 것은 슬픈 일이 아니고, 다시 집으로 돌아오면 엄마가 즐겁게 놀아준다는 약속이에요. 반면에 아이가 울 때 엄마가 안아주면서 달래는 것은 '지금 네 슬픔은 타당한 거야. 엄마도 그렇게 생각해'를 의미합니다. 아이를 데리고 집으로 돌아올 생각이 아니라면 이 모든 과정은 오히려 희망 고문입니다.

부모의 훈육에 사랑을 담는 원칙

아이의 부정적인 표현을 통제하지 않고, 아이를 혼자 내버려두지 않고, 아이가 다가올 때 거부하지 않고, 흐지부지 넘어가지 않고, 훈육 메시지를 명확하게 전달하기. 머리로는 이해해도 실천하기는 쉽지 않습니다. 하지만 다음 원칙들을 하나씩 적용해나간다면 앞에서 얘기한 실수들에 각별히 신경 쓰지 않아도 사랑을 담아 훈육할 수 있습니다.

표현은 단호하게, 메시지는 따뜻하게

단호한 훈육이라고 하면 왠지 "그러면 안 돼"나 "이제 그만" 같은 통제의 말들이 떠오릅니다. 하지만 단호한 훈육은 "엄마가 해줄 거야!"나 "아빠도 빨리 놀아주고 싶어!"처럼 아이가 원하는 것을 말할 때도 필요합니다. 또한 단호함을 냉정함으로 오해해서도 안 됩니다. "지금 나가야 해. 지금 나가야 놀이터에 갈 수 있어"라고 사실 중심의 이야기를 담백하게 전하면 돼요. "엄마가 나가야 된다고 했지! 이럴 거면 너 혼자 가!" 하고 감정을 실어서 냉정하게 표현하면 아이는 불안해지고 단호한 훈육의 효과는 낮아집니다.

단호한 훈육이란 아이에게 전달하는 메시지를 단호하게 표현하는 것입니다. 그 내용에 따라 단호한 통제일 수도 있고, 단호한 공감일 수도 있어요. 단호한 공감은 말 그대로 공감의 말을 단호한 목소리로 표현하는 것입니다. 일반적으로 공감하는 대화에서는 부드럽게 표현하지만, 짜증 내고 있는 아이의 감정을 어설프게 공감하면 오히려 역효과가 나기 때문에 목소리는 단호하게 유지하는 것이죠. 다음 말들을 한번 읽어보세요. 부드럽게 읽으면 공감의 말, 단호하게 읽으면 통제의 말이 됩니다.

- ✿ (부드럽게) 엄마는~ 너를 도와주려는 거야~
- ✿ (단호하게) 엄마는 너를 도와주려는 거야!
- ✿ (부드럽게) 아빠도 블록이 무너져서 속상해~ 네가 재미있게 놀았으면 좋겠어~
- ✿ (단호하게) 아빠도 블록이 무너져서 속상해! 네가 재미있게 놀았으면 좋겠어!

이제 어떤 상황에서 목소리를 부드럽게 혹은 단호하게 표현해야 하는지, 훈육 메시지도 어떤 상황에서 따뜻한 공감의 말, 혹은 단호한 통제의 말을 담아야 하는지 알아볼까요? 아이의 양치를 예로 들어 설명할게요.

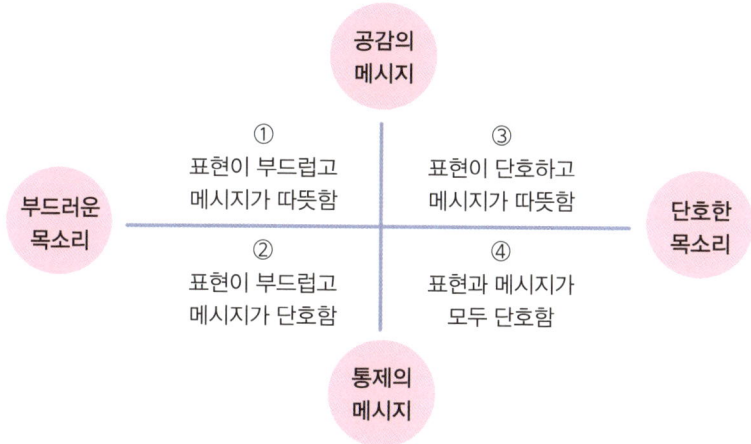

① 표현이 부드럽고 메시지가 따뜻함

아이가 대안을 선택하여 훈육을 마무리할 때나, 현재는 문제가 없지만 바람직한 행동 기준을 긍정적으로 전하기에 알맞습니다.

가령 양치를 싫어하는 아이가 양치를 마치면 그때 "엄마는 우리 딸이 양치하고 나오니까 마음이 편하다. 이제 벌레들이 우리 딸의 입속에는 못 들어갈 거야" 하면서 '양치를 해야 충치가 생기지 않는다'는 가치를 부드러운 목소리로 따뜻하게 전하는 것입니다.

혹은 "우리 초콜릿을 맛있게 먹고 저녁에 치카치카 잘하자. 그리고 내일 또 초콜릿을 먹자" 하면서 '양치를 하면 자신이 좋아하는 간식을 계속 먹을 수 있다'는 가치를 즐겁게 전할 때도 사용합니다.

이 경우 아이가 이미 양치를 마쳤거나 한참 후에 양치를 하는 상황이므로 지금 당장 해야 한다는 부담감이 없기 때문에 부모가 부드럽고 따뜻하게 전하는 훈육 메시지를 아이도 부담 없이 받아들입니다.

② 표현이 부드럽고 메시지가 단호함

당장은 아니더라도 앞으로 아이의 행동을 통제해야 할 상황이 예측된다면 단호한 통제의 메시지를 부드럽게 전달합니다.

평소에 양치를 싫어하는 아이가 그림책 속 양치 장면을 보면서 "양치 싫어! 양치 안 해!"라고 할 경우, "양치를 해야 초콜릿을 많이 먹을 수 있어. 이가 아프면 못 먹잖아"라고 하면 아이가 받아들이지 않습니다. 아이는 이미 양치를 해야 한다는 사실을 알고 있지만 그 자체가 싫은 거예요. 목소리는 부드럽지만 메시지는 단호하게 "양치를 안 하면 벌레들이 입속에 집을 지어. 양치는 꼭 해야 하는 거야"라고 얘기해야 합니다.

아이를 설득하는 것이 아니라 양치를 하지 않을 때 어떤 문제가 생기는지 사실적으로 알려주면서 바람직한 행동 기준을 제시하는 것입니다.

③ 표현이 단호하고 메시지가 따뜻함

현재 시점에서 떼쓰고 있지만 아이가 부모의 말을 듣고서 대답하는 등 상호작용이 가능할 때 알맞습니다.

양치를 안 하겠다고 버티던 아이가 엄마의 지시에 따라 엄마 앞에 섰을 때, 눈물은 흘리지만 칫솔을 들고 기다릴 때 이렇게 얘기하는 거예요. "엄마는 우리 딸의 입속에 까만 충치가 생기는 게 싫어. 벌레들이 네 입속으로 들어오게 안 해!" "엄마가 우리 딸의 이를 건강하게 지켜줄 거야. 양치를 잘하면 내일도 모레도 계속 맛있는 것을 먹을 수 있어."

아이가 떼를 쓰는 상황이므로 단호함은 유지하면서 훈육 이유를 따뜻하게 전달하는 것입니다.

④ 표현과 메시지가 모두 단호함

현재 시점에서 떼쓰느라 전혀 상호작용이 안 되거나 상호작용을 하더라도 지속적으로 부정적인 반응을 보일 때 알맞습니다.

양치를 안 하겠다고 거실에 누워 소리를 지르는 아이에게는 ①②③의 이야기가 통하지 않습니다. 이때는 "지금 양치하러 가야 돼. 더 늦어지면 충치가 생겨." "엄마가 데려갈 거야. 손잡고 갈래? 안겨서 갈래?" 지금 양치를 해야 한다는 전제하에 한계 설정을 합니다.

네 가지 상황 모두 표현 방법은 다르지만 아이에게 전달하는 메시지는 동일합니다. '양치를 해야 한다'는 가치를 전하고 있어요. 훈육은 행동을 통제하는 게 아니라 가치를 전하는 것이며, 전해야 할 가치는 아이가 떼쓸 때나, 사랑스럽게 다가올 때나 똑같아야 합니다. 단호한 훈육이라 하여 반드시 더 엄격할 필요가 없습니다. 언제나 전달해야 할 메시지는 같고, 상황에 따라 단지 그 표현법을 달리하는 것입니다.

훈육 이유는 '아이 중심 메시지'로

삶은 문제 해결 과정의 연속입니다. 아이가 행복한 삶을 영위하기 위해서는 부모로부터 문제를 포기하지 않고 해결하는 방법을 배워야 하죠. 하지만 많은 부모가 "우리 아이는 어려우면 포기해요", "새로운 것을 시도하지 않아요" 하고 포기를 걱정하면서도 다른 한쪽에서는 포기를 강요합니다. "오늘은 놀이터에 갈 수 없어"라면서 놀이터에 가고 싶은 아이에게 놀이터를 포기하게 만들고, "양치는 꼭 해야 하는 거야"라면서 양치를 거부하는 아이를 데려가서 놀이를 포기하게 만들죠.

부모가 일방적으로 아이의 행동을 통제한다면 아이의 입장에서는 문제 해결이 아니라 포기를 배우는 셈입니다. 다시 말하지만, 훈육은 아이의 행동을 통제하는 것이 아니라 자신을 위해 더 나은 선택을 하도록 살아가는 방법을 가르치는 것입니다. 하지만 일방적인 가르침은 멍하니 앉아 있는 아이에게 수학 공식을 주입하는 것과 같아요. 그 공식이 내 것이 되려면 자꾸 문제를 풀어보는 반복 과정이 있어야 합니다. 훈육도 마찬가지예요. "어두워졌으니 집에서 놀아야 해", "자기 전에는 양치를 해야지" 등 훈육 가치를 일방적으로 전달하면 아이에게 들리지 않습니다. 스스로 되새기면서 배우는 과정이 필요해요. 그렇게 스스로 고민하고 선택해야 바람직한 습관이 형성되죠.

부모는 아이가 지금 이 행동을 하고 싶도록 도전 의식을 심어주고, 이 행동을 하지 않으면 아쉬울 만한 상황으로 위기의식도 유발하면서 아이가 스스로 '나는 나를 위해 어떻게 행동할 것인가?'를 생각하게 해야 합니다. 그 이후에 매력적인 대안을 제시하면서 선택하게 하는 것이죠. 이때 아이가 대안을 선택한다면 그것은 곧 문제 해결이 됩니다.

예를 들어 양치를 하기 싫은데 해야 한다고 주장하는 부모와 갈등하는 상황에서 아이는 '빨리 양치를 해치우고 엄마와 놀이를 더 할 것인가? 이렇게 조금 더 놀다가 엄마와의 놀이는 안 할 것인가? 지금이나 나중에나 양치는 해야 하는데 어떻게 하는 편이 더 나을까?'를 고민하는 과정을 거쳐 선택해야 합니다.

아이가 이 행동을 해야 하는 이유를 만들어주는 것, 도전 의식과 위기의식을 만들어주는 대화를 저는 '아이 중심 메시지'라고 합니다. 쉽게 말해서 모든 훈육의 이유가 아이를 중심으로 돌아가는 거예요. 엄마가 설거지하는 동안 기다려야 하는 것도, 놀이터에서 지금 집에 돌아가야 하는 것도 다 아이를 위한 것이어야 하죠. 엄마가 설거지할 때 기다리지 못하고 놀이터에서 더 논다면 반대로 아쉬움이 있어야 합니다. "다 너를 위해서 그러는 거야. 너한테 좋으라고 하는 말이야"라는 부모의 잔소리를 아이가 스스로 '진짜 나를 위한 거구나'라고 생각하도록 만드는 것입니다.

"동생이 배고프니까 조금만 기다려줄래?" 이렇게 타인의 입장을 설명하면 아이는 '동생이 배고픈데 내가 왜 기다려야 하지? 엄마는 동생만 좋아하나?'라고 생각할 수 있습니다. "자, 이제 해님도 '안녕!' 하네. 밤이 되면 자는 거야. 이제 우리 침대로 가자"라고 원칙을 강조한다면 아이는 '밤이 되어도 나는 안 졸린데? 왜 밤에 자야 하지?' 하고 거부하는 마음이 들 수 있어요.

같은 상황을 아이 중심 메시지로 바꿔보겠습니다. "동생이 배고프니까 조금만 기다려줄래?"라는 타인 중심 메시지를 아이 중심 메시지로 바꾸면 "동생이 배고프면 잠이 안 온대. 동생이 빨리 자야 엄마랑 퍼즐 놀이를 다섯 번 넘게 할 수 있겠지?"가 됩니다. 아이가 떼쓰는 상황이라면 "아빠는 동생을 빨리 재운 후에 너랑 놀아주고 싶어. 동생이 빨리 잠들어야 퍼즐 놀이를 다섯 번 넘게 할 수 있지! 동생이 배고프다고 우는 소리를 들으면서 놀고 싶은 거야?" 같은 메시지를 단호하게 표현합니다.

"자, 이제 해님도 '안녕!' 하네. 밤이 되면 자는 거야. 이제 우리 침대로 가자"라고 원칙을 강조한 메시지는 아이 중심 메시지로 바꾸어 "우리 내일은 어디에 가기로 했지? 맞았어. 키즈 카페에 빨리 가고 싶은 사람? 그럼 빨리 자고 빨리 일어나야겠다"라고 합니다. 그래도 자러 가지 않겠다고 아이가 떼쓴다면 "지금 자야 내일 일찍 키즈 카페에 갈 수 있어. 아빠는 사람들이 없을 때 자동차에 태워주고 싶어. 사람이 많아지면 자동차를 오래 기다려야 돼. 늦게 일어나서 자동차를 안 타도 되는 거야?"라고 빨리 자야 하는 이유를 아이의 입장에서 단호하게 설명합니다.

이런 과정을 통해 '엄마가 배고픈 동생에게 수유할 때는 기다려야 해', '밤이 되면 자야 돼'같이 부모가 전하고 싶은 가치를 아이는 '나를 위한 것'으로 받아들여 생각하고 선택하며 행동으로 옮기게 됩니다. 타인의 입장이나 원칙은 아이가 움직여 그렇게 행동했을 때 전달해도 늦지 않아요. 아이가 기다렸을 때 "동생이 우유를 먹는데 기다려주고, 우리 아들이 많이 컸네", 침대에 누웠을 때 "일찍 자니까 키도 쑥쑥 자라겠다" 하면서 전하는 것이죠.

타인의 입장이나 원칙을 먼저 강조한 훈육은 아이에게 서운한 마음을 갖게 하고 훈육의 본질을 흐려서 오해를 만듭니다. 부모는 언제나 아이를 위한 훈육을 하지만 아이한테는 잔소리로 들리는 이유이기도 하죠. 훈육의 이유를 아이의 입장에서 설명해주면 아이는 부모의 훈육에는 이유가 있다는 사실을 쉽게 받아들입니다.

훈육의 긍정적인 결과를 확인시켜라

하루에 세끼를 먹어야 하고, 잠잘 시간이 되면 잠자리에 누워야 하고, 외출한 후 집으로 돌아오면 손을 씻어야 하고, 아침에는 학교에 가야 하고, 간식은 조절해야 하고…… 부모의 입장에서는 당연한 일들이지만, 아이의 입장에서는 지켜야 할 규칙이 너무 많습니다. 훈육 과정에서 단호하지만 따뜻한 메시지로 아이에게 관심을 표현하고, 아이 중심 메시지로 그런 행동이 아이 자신에게 어떤 영향을 미치는지 얘기해주더라도 통제가 많아진다면 그 자체로 아이는 거부감을 느끼죠. 따라서 훈육 이후에는 아이의 행동이 미치는 긍정적 영향을 구체적으로 확인시켜야 합니다.

수면을 거부하는 아이를 단호한 훈육으로 침실에 데려왔다면 '엄마가 이렇게 재미있게 동화책을 읽어주려고 침대에 누우라고 했구나'를 느끼게 하는 것이죠. 놀이터에서 울면서 집에 들어온 아이가 '놀이터에서 빨리 들어왔더니 진짜 좋은 일이 기다리고 있네'를 실제로 경험해야 합니다. 더불어 "엄마는 이 책을 너무 읽어주고 싶었어. 우리 딸이 좋아하니까 엄마도 좋다", "아들! 이것 봐! 헬리콥터 조립 완성! 놀이터에서 일찍 돌아오기를 잘했지?" 하고 부모도 함께 즐거운 감정을 표현해줍니다.

이런 과정을 통해 아이는 '잠드는 일도 즐겁구나', '꼭 놀이터에 있지 않아도 재미있는 일은 많아'를 깨달으면서 자기 행동을 조절해가죠. 부모는 '이제는 자야 할 시간이야', '놀이터에서 집으로 돌아가야 해'를 가르치지만 아이는 '그래야 하는구나'로 받아들이는 대신에 '빨리 누워서 엄마랑 동화책을 읽어야지', '놀이터가 아쉽지만 집에서 다른 놀이를 하면 되지 뭐' 하고 내적 동기에 따라 스스로 움직이는 것입니다.

이처럼 훈육 이유가 아이 자신을 위한 것임이 경험적으로 증명될 때 아이는 부모의 통제와 대안을 받아들입니다. 이렇게 신뢰가 쌓이면 나중에는 구체적인 설명 없이도, '선수끼리 뭘~ 다 알면서~' 같은 느낌으로 부모가 대안을 제시하면 아이는 재지 않고 바로 선택하거나 스스로 다른 대안을 만들어내는 등 훈육이 훨씬 수월해집니다.

아이가 문제 행동을 멈추고 새로운 대안을 선택한다면 그것이 아이에게 어떤 좋은 상황을 만들어주는지 구체적으로 표현해주세요. '엄마가 안 된다고 한 데는 이유가 있어. 네가 지금 원하는 것 말고도 좋은 것이 많아. 그게 너한테 더 큰 만족감을 줄 수도 있어. 너는 그것 말고도 아주 많은 것을 선택할 수 있단다. 무엇을 선택하든 그것을 누릴 수 있어'를 알려주는 거예요. 매 순간 아이가 안 되는 것에 얽매이지 않도록, 넓은 관점에서 다양한 가능성을 보도록, 넓게 바라보고 그 안에서 선택하고 만족하는 삶을 살도록 가르치는 것이 훈육입니다.

훈육 가치는 별문제 없는 일상에서 즐겁게 전한다

여러 고민으로 찾아온 부모가 양육 코칭을 통해 훈육 대화법을 배워서 적용하면 조금씩 아이에게 변화가 나타나기 시작합니다. 그런데 일정 기간이 지나면 공통적으로 또 다른 어려움에 봉착하죠. 욕구 읽어주기와 아이 중심 메시지만으로 대안을 선택하던 아이가 어느 순간 "밥을 많이 먹어야 간식 배가 커지지. 그래야 간식도 많이 먹을 수 있어"라는 부모의 말에 "간식 안 먹어도 돼"라고 예상치 못한 답변을 하는 것입니다. "엄마는 재미있게 동화책을 읽어주고 싶은데 안 읽어도 돼?"라는 말에도 아이가 "응, 책 안 읽어. 더 놀 거야"라고 해버리면 갑자기 훈육이 중단되거나 부모도 당황해서 화를 내게 된다고요.

훈육 효과가 며칠만 반짝하고 아이가 예전으로 돌아간다면 그 이유가 분명히 있습니다. 따뜻한 메시지를 담고 아이의 입장에서 설명해줘도 훈육은 훈육입니다. 어쨌든 현재 자신이 원하는 모든 것을 할 수 없는 상황이기 때문에 아이는 불편한 감정이 들 수밖에 없어요. 아이가 문제 상황에서 바람직한 대안을 선택하기 위해서는 단호한 훈육을 해야 할 상황이 발생하기 전에 일상 속에서 즐겁게 가치를 전하는 것이 먼저 이루어져야 합니다.

자주 반복되는 문제일수록 같은 문제로 또다시 훈육할 가능성이 높으므로 어제 양치로 떼쓴 아이는 오늘도 양치할 때 떼를 쓸 것이라고 예측할 수 있습니다. 그렇다면 우리는 아이가 양치를 방금 마쳤거나 한참 뒤에 해도 될 때, 즉 지금 당장 양치해야 하는 부담이 없을 때 즐겁게 가치를 전해야 합니다. 당장 양치해야 하는 순간에만 훈육을 한다면 이것은 문제 중심 훈육으로 그 효과가 떨어집니다. 훈육 효과는 양치에 대한 부담감이 없는 상황에서 가치를 전하는 일상적 훈육이 함께 이루어질 때 높아집니다.

① 먼저 자주 훈육이 필요한 상황을 적어보세요. 그 내용을 반복

해 읽으면서 빠른 시일 내에 같은 문제가 발생할 것임을 받아들이고 예측합니다.

② 아이가 바람직한 행동을 할 때 어떤 좋은 일이 생기는지, 바람직한 행동을 하지 않을 때 어떤 부정적 영향이 있는지 적어봅니다. 아이 중심 메시지를 미리 생각해두는 것입니다.

③ 훈육해야 할 상황이 오기 전에 즐겁게 ②의 가치를 아이에게 전달합니다.

밖에서 위험하게 뛰어다니는 아이라면 집에서 외출하기 전이나 부모의 손을 잡고 걸을 때 긍정적인 훈육을 합니다. 외출 전에 "오늘은 엄마랑 마트에 풍선을 사러 가기로 했지? 엄마랑 손을 꼭 잡고 네가 좋아하는 풍선을 찾아보자"라고 미리 얘기하는 거예요. 집을 나선 다음에는 "이제 엄마랑 파란 풍선을 찾으러 갈까?"라고 아이가 좋아하는 것으로 유도했을 때 부모의 손을 잡으면 그 순간을 놓치지 않습니다. "우리 딸, 지금 엄마 손을 꼭 잡은 거야? 손잡고 같이 다니니까 파란 풍선을 더 빨리 찾을 수 있겠다"라고 부모와 손을 잡으면 어떤 좋은 일이 생기는지 알려줍니다.

자기 물건을 좀처럼 공유하지 않으려는 아이라면 친구를 만나기 전에 "오늘은 친구가 로봇 장난감을 보여준대. 친구 장난감을 구경하려면 우리도 장난감을 하나 빌려줘야겠지? 어떤 것을 빌려줄까?"라고 얘기하는 거예요. 그래도 아이가 빌려주지 않겠다고 하면 "그래? 그러면 친구 로봇은 못 만지겠다. 친구도 가지고 놀 장난감이 있어야 자기 것을 빌려주지"라고 얘기하면 됩니다. 현재는 물건 공유로 문제가 일어난 상황이 아니니까요. 그러면 아이는 '내 장난감을 빌려줘야 나도 친구의 로봇을 만질 수 있나?'라고 생각할 기회를 얻고, 부모는 '장난감을 같이 쓰면 더 좋은 일이 생긴다'는 가치를 전하게 됩니다.

　이런 과정 없이 마트에서 뛰어다니는 아이에게 "엄마가 풍선을 사주려고 했는데 이렇게 뛰어다니면 풍선 못 사!"라고 한다면 어떨까요? 뛰어다니는 게 더 좋은 아이는 "풍선 안 사!"라고 하거나 부모의 말을 무시하고 계속 뛰어다닐 것입니다. 풍선을 정말 좋아하는 아이라면 이번에는 뛰어다니는 행동을 멈추겠지만 다음번에도 대안을 선택할지는 알 수 없습니다. 마찬가지로 물건 공유가 안 되는 아이에게 "친구한테 네 것을 빌려줘야 친구 것도 만질 수 있어"라고 해도 아이는 내 장난감을 사수하기 위해 친구의 장난감을 포기할 것입니다. 설령 내 장난감을 빌려주더라도 완전한 선택이 아니라 찜찜하게 어쩔 수 없는 선택일 가능성이 높죠.

　이는 아이 중심 메시지와도 같은 맥락입니다. 훈육 과정에는 아이가 행동하기 전에 스스로 생각하는 시간이 주어져야 하는데, 그런 연습이 안 된 아이는 갑자기 선택권이 주어지면 무엇이 더 좋은지 생각하지도 않고 거부부터 합니다. 그래서 마음의 여유가 있을 때 무엇을 선택할 것인가 충분히 생각하도록 해야 하죠. 이런 과정을 거쳐야 실제 문제 상황에서 부모가 아이 중심 메시지로 대안을 제시했을 때 아이가 바람직한 행동을 선택할 확률이 높아집니다.

문제 중심의 단호한 훈육 < 일상적인 긍정 훈육

지금까지 아이가 부모의 훈육을 오해하지 않고, 훈육도 아이를 위한 사랑이자 관심임을 전하는 방법에 대해 알아봤습니다.

그중에서 단호한 표현 속에 따뜻한 메시지를 전하고 훈육 이유를 아이의 입장에서 설명하는 것은 현재 시점에서 문제가 생겼을 때 사용하는 문제 중심 훈육법입니다. 아무리 따뜻한 메시지라도, 마음을 사로잡는 아이 중심 메시지라 해도 아이의 입장에서는 반가울 리가 없죠. 문제 중심 훈육은 현재 아이가 원하는 것을 다른 것으로 대체하거나 나중으로 미루도록 하기 때문입니다.

반면에 훈육의 긍정적인 결과는 훈육을 마친 후에 유쾌하게 확인시키는 것이고, 일상적으로 즐겁게 가치를 전하는 것은 미래에 예상되는 부정적 상황을 대비한 긍정 훈육법입니다. 당장의 욕구를 대체하거나 지연할 이유가 없으니 부담스럽지 않죠.

따라서 훈육을 통해 아이가 바른 선택을 하도록 이끌기 위해서는 그 같은 긍정 훈육의 비율이 단호한 훈육보다 월등히 높아야 합니다. 부모와 아이의 관계에서 애정을 표현하는 비율이 훈육보다 높아야 하는 것과 같아요. 애정 없는 훈육이 아이와의 관계를 망치듯 긍정 훈육 없는 단호한 훈육 역시 아이의 오해를 만들어냅니다.

애정 표현 > 훈육
긍정 훈육 > 단호한 훈육

애정 표현은 자주 하면서도 긍정 훈육은 안 하는 부모를 종종 만나게 됩니다. 애정 표현 대 훈육의 비율은 괜찮지만, 훈육 자체만 들여다보면 문제 중심의 단호한 훈육률이 높은 것이죠. 이런 경우에는 높은 애정성 덕분에 부모와 아이의 관계가 친밀하게 유지되지만 훈육은 어렵습니다. 아이가 부모의 말을 잘 따르더라도 항상 통하는 것이 아니라 상황에 따라 편차가 크죠. 아이의 행동을 움직이는 원동력은 스스로 생각하고 선택하는 과정에서 길러지는 내적 동기인데, '새로운 음식에 도전하겠어. 나는 할 수 있어!'라고 생각하기보다 '엄마가 슬퍼하니까 하나 먹어줘야지'라고 관계 중심으로 많이 흘러가기 때문입니다.

그렇다면 여러분은 긍정 훈육과 단호한 훈육을 얼마나 자주 하고 있나요? 163쪽 도표를 토대로 그 정도를 비교해보세요.

일상에서 긍정 훈육이 수시로 이루어지고, 단호한 훈육 빈도가 일주일에 세 번 이내로 낮다면 가장 좋습니다. 이런 부모는 자주 발생하는 훈육 포인트에 맞추어 의식적으로 아이에게 가치 전달만 해

세로축 | 긍정 훈육 : 문제가 발생하기 전에 즐겁게 가치를 전달하는 빈도
- 일상에서 수시로 → 매우 좋음
- 의식적으로 노력 → 좋음
- 가끔 생각날 때마다 → 노력 필요

가로축 | 문제 중심 훈육 : 문제 상황이 발생한 시점에서 5분 이상 단호하게 훈육하거나 화내는 빈도
- 주 3회 이내 → 양호
- 매일 1~2회 → 주의
- 매일 여러 번 → 위험

완벽·이상적   극과 극

매우 좋음×양호 A+	매우 좋음×주의 B+	매우 좋음×위험 C
• 관계 : 엄마 말은 언제나 진리, 엄마는 언제나 나를 사랑해 • 훈육 : 스스로 동기부여, 내적 동기 자극	• 관계 : 엄마는 역시 나를 사랑해 • 훈육 : 나도 할 수 있네. 어렵지 않네?	• 관계 : 애증, 사랑하는데 화도 나, 서운해 • 훈육 : 알았다고! 말 안 해도 할 거야. 지나친 간섭으로 느껴짐
좋음×양호 A	좋음×주의 B	좋음×위험 D
• 관계 : 엄마는 역시 나를 사랑해 • 훈육 : 엄마 말을 듣길 잘 했어, 협상과 타협이 가능함	• 관계 : 그래도 엄마는 나를 사랑하지 • 훈육 : 나도 잘하고 싶은데 노력하면 될까?	• 관계 : 나를 미워하나 봐 • 훈육 : 답답하고 억울해서 못살겠네
노력 필요×양호 B	노력 필요×주의 C	노력 필요×위험 F
• 관계 : 좋은 엄마, 편안한 엄마 • 훈육 : 이 순간만 견디자	• 관계 : 나를 미워하나 봐 • 훈육 : 엄마 마음대로만 해!	• 관계 : 엄마는 나를 싫어해 • 훈육 : 왜 못 잡아먹어서 안달이야! 분노 폭발

무색무취   종일 비난

도 충분합니다. 하지만 단호한 훈육이 일주일에 세 번보다 적게 이루어지더라도 긍정 훈육이 부족하다면 훈육 효과는 낮아지죠.

하루에도 여러 번 단호한 훈육을 한다면 어떨까요? 게다가 긍정 훈육도 낮은 수준이라면 아이는 엄마의 사랑을 의심하고 부정적인 감정으로 생활하기 때문에 단호하게 훈육할 일이 점점 더 발생하는 악순환에 빠져듭니다. 긍정 훈육을 자주 하더라도 문제 상황에서 화를 내는 빈도가 잦다면 '병 주고 약 주는' 것 같은 느낌이 들죠. 도대체 어느 장단에 맞추어 춤을 춰야 할지 엄마의 속을 알 수 없으니 아이는 눈치만 보입니다.

단호한 훈육은 전혀 없이 긍정 훈육만 한다면 어떨까요? 이상적인 상황이지만 문제도 있습니다. 갈등이 불거진 바로 그 시점에서 고민하고 선택해보는 연습도 아이에게는 필요하니까요. 즉 단호한 훈육과 긍정 훈육은 무엇이 옳고 그른가를 나누는 개념이 아닙니다. 각각 그 자체로 의미가 있어요. 다만 문제 중심으로 단호하게 훈육하는 빈도는 줄이고, 일상 속에서 긍정적으로 훈육하는 빈도를 높여야 합니다.

더불어 우리는 매 상황마다 완벽하게 훈육할 수 없다는 점을 인정해야 합니다. 저 역시 마찬가지예요. 부모코칭센터에 찾아온 아이들은 격분하여 저를 할퀴거나 때리더라도 객관적으로 파악되며 화가 나지 않지만, 내 아이라면 다릅니다. 내 아이와 마주하면 불안할 때도, 화날 때도 있습니다. 이런 실수는 대부분 문제 상황에서 훈육할 때 나타납니다. 그러니 아이에게 또 화를 내버렸다고, 아이를 안

아주지 못했다고 후회하며 죄책감으로 허비하는 시간에 우리가 해야 할 다른 일이 있습니다. 바로 긍정 훈육에 몰입하여 별문제 없는 일상에서도 수시로 훈육의 가치를 전하는 것입니다.

따뜻한 실전 훈육의 말

훈육 대화의 기본형

이제 훈육 효과는 높이고 아이와의 관계도 돈독하게 만드는 훈육 대화의 기본형을 앞의 네 가지 원칙에 맞추어 먼저 만들어보겠습니다.

표현은 단호하게, 메시지는 따뜻하게

> ✦ 아이의 욕구를 읽어주기⋯아빠(엄마)는 네가 현재 원하는 것을 알고 있어.
> ✦ 아이의 감정에 공감하기⋯아빠(엄마)도 네가 현재 원하는 것을 못 해서 속상해.
> ✦ 부모의 문제 해결 의지를 표현하기⋯아빠(엄마)는 네가 현재 원하는 것을 해주고 싶어.

아이가 울면서 떼쓰거나 못 들은 척하며 회피할 때는 위 대화를 사용하지 않습니다. 아이의 욕구를 읽어준 후 "엄마한테 와", "아빠 손을 잡아야지", "여기에 앉으세요" 같은 지시를 했을 때 아이가 따르면 위 대화를 이어가는 것입니다. 아이가 부모의 지시에 따르지 않고 계속 떼쓴다면 "~하고 싶어? ~하고 싶은 거지?"라고 아이의 욕구를 읽어주고 "~하고 싶으면 이쪽으로 와"라고 지시하기를 다시 반복합니다.

이 과정을 통해 부모의 지시에 따르면 그 이후에 아이의 감정에 공감하고 부모의 문제 해결 의지를 표현하는 메시지를 첫마디로 단호하게 표현합니다. 아이가 그런 부모의 말에 집중한다면 다음과 같은 아이 중심 메시지로 넘어갑니다.

훈육 이유를 아이 중심 메시지로 전달하기

- ✿ 부정적인 행동을 멈추면 네가 원하는 것을 현재(또는 미래)에 얻을 수 있어.
- ✿ 부정적인 행동 때문에 네가 원하는 것을 현재(또는 미래)에 얻을 수 없어.
- ✿ 바람직한 행동을 선택하면 네가 원하는 것을 현재(또는 미래)에 얻을 수 있어.
- ✿ 바람직한 행동을 선택하지 않으면 네가 원하는 것을 현재(또는 미래)에 얻을 수 없어.

아이 중심 메시지는 아이가 스스로 현재 자신의 부정적인 행동, 혹은 바람직한 행동이 자기에게 어떤 영향을 미치고 있는지 생각하도록 이끌어줍니다. 따라서 모든 대화의 중심에는 반드시 아이가 있어야 해요.

"부정적인 행동을 멈춰야 네가 원하는 것을 해줄 수 있어", "바람직한 행동을 선택하지 않으면 네가 원하는 것을 해주지 않을 거야"라고 부모가 주체가 되어 아이가 원하는 것을 보상으로 제시하거나 박탈하는 식으로 얘기하는 것은 조건형 대화입니다. 이런 경우에는 아이가 지금 자기 행동이 자기 욕구에 어떤 영향을 미치는지보다 보상과 처벌에 집중하여 행동하므로 주의가 필요합니다.

또한 아이 중심 메시지더라도 아이가 부모의 이야기를 듣고 생각할 시간을 가져야 하는데, 부모가 일방적으로 이야기를 이어간다면 일반적인 잔소리가 되어버립니다. 아이 중심 메시지를 전달한 후에는 5~10초 시간을 가지면서 아이의 반응을 살피고, 그 이후에 다시 한 번 단호하지만 따뜻한 메시지를 전하거나 대안을 주면서 아이와의 대화를 이끌어보세요.

훈육의 긍정적인 결과를 확인시키기

- 네가 부정적인 행동을 멈췄더니 네가 원하는 것을 하게 됐네.
- 네가 바람직한 행동을 선택했더니 좋은 일이 생겼어.
- 아빠(엄마)는 네가 원하는 것을 하게 되어 기쁘단다.
- 아빠(엄마)는 지금 너와 함께 (대안으로 제시한) 이 활동을 하게 되어 기쁘단다.

훈육의 긍정적인 결과는 단호한 훈육을 마무리한 뒤에 즉시 단호하게 표현할 수도 있고, 얼마간 시간이 흐른 뒤 대안을 실행하는 과정에서 즐거운 감정과 함께 표현할 수도 있습니다.

또한 단호한 훈육은 대부분 지금 당장 해줄 수 없는 것을 아이가 요구할 때 이루어지므로, 아이의 욕구는 현재가 아닌 미래에 해결될 가능성이 높습니다. 현재 훈육 상황에서는 부모가 제시한 대안으로 긍정적인 결과를 확인시키고, 미래에는 아이가 원래 원했던 것을 먼저 제시하면서 한 번 더 긍정적으로 확인시켜주세요.

별문제 없는 일상에서 즐겁게 훈육 가치를 전하기

- 부정적인 행동을 하지 않는구나.
- 바람직한 행동을 스스로 하는구나.
- 앞으로 네가 좋아하는 것들을 더 많이 할 수 있겠다.
- 또 속상한 상황이 오더라도 아빠(엄마)랑 같이 해보자.

일상에서 즐겁게 가치를 전하는 것은 예방 차원의 훈육입니다. 현재는 괜찮지만 자주 반복되는 문제일수록 다시 단호하게 훈육해야 할 가능성이 높습니다. 그러기 전, 문제가 발생하지 않았을 때는 아이의 능력에 긍정적으로 반응하면서 성취감을 주어야 합니다.

하지만 성취감을 경험했더라도 익숙해지기까지 아이는 이전 모습을 한 번씩 보일 것입니다. 문제 행동이 없어졌다고 생각했을 때 아이가 이전 모습을 보이면 많은 부모가 실망하고 화를 냅니다. 그러나 이때 더욱 좌절감을 느끼는 사람은 부모가 아니라, 바로 아이 자신입니다.

기저귀를 뗀 아이가 이불에 실수하면 부모는 화가 나지만 아이는 너무나 당황하고 속상해요. 부모는 언제든 아이에게서 이전 모습이 나올 수 있음을 예측해야 합니다. 그리고 그런 날이 닥쳐도 당황한 아이가 좌절하지 않도록, 별문제 없는 일상적 시간에도 어떤 대안이 있는지, 부모가 어떻게 도와줄 수 있는지 즐겁게 알려주세요.

다음으로 육아 현장에서 제가 양육 코칭과 부모 교육을 할 때 부모들이 가장 많이 고민하는 문제에 이 대화법을 구체적으로 적용해보겠습니다.

아이 마음대로 안 되어 칭얼거릴 때

장난감 로봇을 조립하기 어렵다고 던졌을 때

표현은 단호하게, 메시지는 따뜻하게
- 아빠는 네가 빨리 조립해서 놀고 싶은 것 알아.
- 아빠도 로봇 다리가 잘 안 끼워져서 속상해.
- 아빠는 이 로봇을 빨리 완성한 다음에 다른 로봇도 조립해주고 싶어!

훈육 이유를 아이 중심 메시지로 전달하기
✿ 아빠가 로봇 조립을 도와주려고 왔는데 네가 던져서 못 해주고 있어.
✿ 로봇을 던지면 로봇이 망가질 수도 있어.

훈육의 긍정적인 결과를 확인시키기
✿ 짜증 내지 않고 다시 시도했더니 완성됐네. 화난다고 또 던졌으면 진짜로 망가졌을지도 몰라.
✿ 멋지다. 다리도 튼튼하네. 우리 다른 로봇도 변신시켜볼까?

별문제 없는 일상에서 즐겁게 훈육 가치를 전하기
✿ 우리 아들이 로봇 다리를 조립하고 있네. 잘 안 된다고 짜증도 안 내고 도전하는 거야?
✿ 이제는 아빠가 도와주지 않아도 로봇을 잘 변신시키네. 아빠는 구경만 해도 되겠어.
✿ 혹시 잘 안 되면 아빠를 불러. 로봇을 어떻게 조립하는지 아빠랑 같이해보자.

줄넘기가 안 된다고 짜증 낼 때

표현은 단호하게, 메시지는 따뜻하게
✿ 줄넘기 줄이 발에 안 걸리게 많이 넘고 싶지?

✼ 엄마도 그런 적 있어. 줄넘기하다가 발에 걸리면 짜증이 많이 났어.
✼ 엄마는 우리 딸이 줄넘기를 잘 넘도록 도와주고 싶어.

훈육 이유를 아이 중심 메시지로 전달하기
✼ 우리 산책하기로 했는데 줄넘기만 계속 하면서 시간을 다 보낼 거니?
✼ 짜증이 없어지면 지금보다 잘할 수 있어. 줄넘기를 잘하려면 짜증을 작게 만들어야 해.

훈육의 긍정적인 결과를 확인시키기
✼ 기분이 좋을 때 줄넘기를 하니까 잘되네. 산책 먼저 다녀오기를 잘했다.
✼ 짜증 안 내고 다시 줄넘기하니까 세 번이나 넘었어. 우리 내일도 산책하고 나서 줄넘기해보자.

별문제 없는 일상에서 즐겁게 훈육 가치를 전하기
✼ (사진을 보며) 줄넘기할 때 재미있었어? 줄넘기하면서 웃고 있네. 그럼~ 하나를 넘어도 즐거워야지. 백 번을 넘어도 짜증 내면 그건 재미없는 줄넘기야, 그렇지? (아이의 동의를 구하며 하이파이브)
✼ 우리 다음에는 야광 줄넘기를 사서 밤에 넘어볼까? 줄이 반

짝거리면 멋질 것 같아. 엄마가 사진도 찍어줄게. 어때?

자기 순서를 기다리지 못할 때

표현은 단호하게, 메시지는 따뜻하게
- 빨간 그네를 타고 싶어? 친구가 그만 타고 내려오면 좋겠지?
- 맞아, 사람이 많으면 기다리기 힘들어. 엄마도 친구가 그네에서 빨리 내리면 좋겠어.
- 엄마도 빨리 그네를 밀어주고 싶어. 오늘은 어제보다 더 많이 밀어줄 거야.

훈육 이유를 아이 중심 메시지로 전달하기
- (친구한테 소리를 지르면) 친구가 "네가 시끄럽게 하니까 나도 내리기 싫어!" 할지도 몰라. 친구가 그네에서 늦게 내려도 괜찮은 거야?
- 줄을 안 서면 다시 뒤로 가야 돼. 빨리 타고 싶은 것 아니야?

훈육의 긍정적인 결과를 확인시키기
- 기다렸더니 우리 차례가 왔네. 엄마는 오래 걸릴 줄 알았는데 엄청 빨리 그네를 타게 됐다.
- 우리 아들이 그네를 타려고 많이 기다렸지? 잘 기다린 어린이는 엄마가 더 높이 밀어줄 거야.

별문제 없는 일상에서 즐겁게 훈육 가치를 전하기

✿ 어? 오늘은 빨간 그네에 아무도 없네. 줄 서지 않고 바로 탈 수 있겠다.

✿ (집을 나서며) 오늘은 빨간 그네에 친구가 있으면 줄을 서서 기다릴까? 미끄럼틀을 먼저 타면서 기다릴까?

✿ (줄 서서 기다리기를 선택한다면) 그래? 우리 아들이 빨간 그네를 기다리다니! 엄마랑 노래를 부르면서 기다릴까?

✿ (미끄럼틀 타기를 선택한다면) 오, 그래! 미끄럼틀을 타다가 친구가 그네에서 내리면 후다닥 가서 타면 되겠다!

아이가 형제나 또래와 갈등할 때

장난감 하나를 두 아이가 원할 때

표현은 단호하게, 메시지는 따뜻하게

✿ 멍멍이 인형이 좋아? 멍멍이를 혼자 만지고 싶지?

✿ 엄마는 우리 딸이 재미있게 놀았으면 좋겠어. 싸우고 울면 재미있게 놀 수 없잖아.

✿ 엄마도 멍멍이 인형을 지켜주고 싶어. 어떻게 지킬지 얘기해 볼래?

훈육 이유를 아이 중심 메시지로 전달하기

🌸 서로 "내 거야! 만지지 마!" 하면 멍멍이 인형하고는 "안녕!" 해야 돼. 엄마는 둘이 재미있게 놀라고 사줬는데 멍멍이 때문에 너희가 계속 울잖아.

🌸 (누나에게) 네가 계속 "멍멍이 인형은 내 거야!"라고 하면 동생이 더 크게 울 거야. 그리고 멍멍이를 가지고 싶어서 자꾸 만질 거야. 그럼 재미있게 놀 수가 없잖아. 엄마가 동생의 울음을 멈추고 그때 놀면 어때?

🌸 (동생에게) 누나 인형을 빼앗으면 누나는 인형을 꼭꼭 숨기고 싶어진대. 멍멍이 인형을 만지고 싶은 거지? 누나가 숨기면 안 되잖아.

훈육의 긍정적인 결과를 확인시키기

🌸 (누나에게) 동생한테 잠깐 멍멍이 인형을 빌려주니까 동생이 울음을 멈췄네? 그동안 엄마랑 퍼즐 놀이도 하고…… 이렇게 재미있는 퍼즐이 우리 집에 있었다니!

🌸 (동생에게) "누나 먼저 가지고 놀아" 하고 기다리니까 누나가 멍멍이 인형을 줬네.

별문제 없는 일상에서 즐겁게 훈육 가치를 전하기

🌸 우리 딸, 아들~ 사이좋게 그림을 그리고 있는 거야? 엄마가 간식을 줘도 잘 나눠 먹겠지? 빨리 간식을 준비해야겠어.

✿ 오잉? 오늘은 멍멍이 인형이 혼자 소파에 누워 있네. "내가 할 거야, 내가 할 거야" 하면서 싸우지도 않고! 우리 집에서 멍멍이 인형이 오래오래 같이 살 수 있겠다.

놀이를 방해하는 친구에게 소리를 지를 때

표현은 단호하게, 메시지는 따뜻하게
✿ 물통에 모래가 들어갔네. 물만 넣고 싶은데 친구가 모래를 넣어서 화가 난 거지?
✿ 엄마도 친구가 모래를 넣어서 화나고 속상해.
✿ 친구한테 모래를 넣지 말라고 엄마가 얘기할 거야.

훈육 이유를 아이 중심 메시지로 전달하기
✿ 소리를 지르면 목만 아프고 기분도 안 좋아져. 재미있게 놀고 싶은 거잖아.
✿ 화내면서 소리를 지르는 동안 물놀이를 할 시간이 줄어들고 있어.

훈육의 긍정적인 결과를 확인시키기
✿ 물이 금방 채워지네. 속상해서 화내고 있었으면 이렇게 빨리 못 채웠을 거야.
✿ 아, 물속에 작은 돌을 넣으려고 한 거구나. 예쁜 돌이 많네.

다시 해보기를 잘했다.

별문제 없는 일상에서 즐겁게 훈육 가치를 전하기
- 내일 친구들이랑 키즈 카페에 가는 날이네! 오랜만에 친구들을 만나니까 더 재미있게 놀자. 너희가 재미있게 놀면 엄마들이 "아니, 이렇게 사이좋은 친구들이 있다니!" 하면서 또 다른 키즈 카페를 찾아볼 거야. 어때?
- 여럿이 놀다 보면 친구 생각이 내 생각과 다를 때가 있어. 지난번에 아들은 물속에 돌을 넣고 싶었는데 친구는 모래를 넣었잖아. 내일 친구들을 만날 때 또 친구와 생각이 달라서 불편한 일이 생기면 엄마한테 얘기해줄래?

친구와 어울리지 못하고 칭얼거릴 때

표현은 단호하게, 메시지는 따뜻하게
- 우리 딸은 친구랑 인형 놀이를 하고 싶은데 다들 공놀이를 하러 가버렸어?
- 친구는 인형 놀이가 얼마나 재미있는지 모르나 봐. 엄마는 딸이랑 같이하는 인형 놀이가 제일 재미있는데.
- 친구가 다시 오면 인형 놀이가 얼마나 재미있는지 보여주면 돼. 엄마랑 먼저 놀고 있을래?

훈육 이유를 아이 중심 메시지로 전달하기

✿ 짜증 내고 울기만 하면 친구는 인형 놀이가 재미있는지 몰라. 재미있는 모습을 보여줘야 "같이 놀자!" 그러지.

✿ 친구를 기다리기 심심하지? 너도 친구들이랑 공놀이하면서 기다리면 안 심심하고 시간도 빨리 갈 거야. 엄마랑 같이 가 볼까?

훈육의 긍정적인 결과를 확인시키기

✿ 엄마랑 둘이 인형 놀이를 해도 재미있지? 친구가 쳐다보네. 재미있어 보이나 봐.

✿ 공놀이도 재미있다. 인형 놀이만 좋다고 했으면 이렇게 재미있는 공놀이를 못 해볼 뻔했잖아?

별문제 없는 일상에서 즐겁게 훈육 가치를 전하기

✿ 친구가 "인형 놀이 안 할래" 하면 울어야 될까, "다음에 같이 하자" 해야 될까? 뭐야, 완전 큰 언니네. 다 알고 있는 언니!

✿ 친구가 하는 놀이가 마음에 안 들면 그때는 잠깐 혼자 놀아도 돼. 혼자 있을 때는 어떤 놀이를 하고 싶어? 좋아, 종이랑 색연필을 엄마 가방에 넣어서 가자.

부모가 들어줄 수 없는 것을 요구할 때

위험한 행동을 할 때

표현은 단호하게, 메시지는 따뜻하게
- 아빠 손을 안 잡고 싶지? 놀이터에 빨리 가고 싶어서 그런 거 알아.
- 아빠도 그래. 우리 아들이 빨리 가서 많이 놀면 아빠도 좋아.
- 아빠가 놀이터에 빨리 데려갈 거야. 빨리 가고 싶으면 아빠한테 와.

훈육 이유를 아이 중심 메시지로 전달하기
- 아빠 손을 안 잡고 뛰어가면 위험해. 네가 넘어질 수도 있고, 차가 쌩쌩 올 수도 있어. 놀이터에 빨리 가려다가 더 늦어지는 거야.
- 아빠한테 "빨리 가고 싶어요!" 하면 아빠가 이렇게 슝 들어서 더 빨리 놀이터에 데려갈 수 있어.

훈육의 긍정적인 결과를 확인시키기
- 아빠랑 같이 오니까 안 넘어지고, 차가 달려와도 아빠가 막아주니까 안전하네.
- 어? 벌써 도착했네. 아빠랑 같이 오니까 더 빨리 왔지? (아이

의 동의를 구하며 하이파이브)

별문제 없는 일상에서 즐겁게 훈육 가치를 전하기
* 아빠 손을 잡고 걷는 어린이 어디 있어요? 여기 있네. 안전하게 가서 킥보드로 열 바퀴 돌고 싶은 어린이 어디 있어요? 여기 있잖아!
* 빨리 가고 싶을 때 아빠 찬스를 써. 아빠 찬스를 쓰면 그때는 아빠가 너를 안아서 번개처럼 엄청 빨리 움직여줄게. 어때?

부모가 바쁜데 놀아달라고 할 때

표현은 단호하게, 메시지는 따뜻하게
* 엄마랑 같이 점토 놀이를 하고 싶지? 엄마랑 과일을 만들어서 냠냠냠냠 먹는 놀이를 하고 싶은 거잖아.
* 엄마도 설거지 안 하고 딸이랑 점토 놀이를 하고 싶어.
* 엄마는 사과, 딸기, 바나나를 만들어서 딸 한 입, 엄마 한 입, 이렇게 놀이할 거야.

훈육 이유를 아이 중심 메시지로 전달하기
* 엄마는 놀고 싶지만 지금 설거지를 안 하면 음식 벌레가 더 많아져. 벌레가 많아지면 설거지도 오래 해야 돼. 엄마가 설거지를 빨리 끝내고 많이 놀아주는 게 좋지?

✿ 지금 점토 놀이를 하면 바나나는 못 만들어. 사과만 하나 만들고 다시 설거지하러 와야 돼. 조금만 놀아도 괜찮겠어?

훈육의 긍정적인 결과를 확인시키기
✿ 엄마가 설거지하는 동안 기다려주니까 이렇게 바나나도 만들 수 있네. 엄마는 우리 딸이랑 바나나를 꼭 만들고 싶었어.
✿ 엄마가 설거지하면서 음식 벌레를 다 없애고 왔어! 우리 분홍 접시를 잘 말려서 예쁘게 간식을 담아 먹자.

별문제 없는 일상에서 즐겁게 훈육 가치를 전하기
✿ 엄마가 설거지할 때 옆에서 뭐 할 거야? 그림 그리기? 네가 어떤 그림을 그릴지 벌써 궁금하다. 엄마한테 꼭 보여줘야 돼!
✿ 우리 딸이 엄마가 설거지하기를 기다려준 거야? 설거지가 빨리 끝났으니까 책을 다섯 권이나 읽을 수 있겠다.

간식을 계속 달라고 할 때

표현은 단호하게, 메시지는 따뜻하게
✿ 젤리를 더 먹고 싶어? 두 개는 너무 적어서 더 많이 먹고 싶은 거잖아.
✿ 엄마도 그래. 먹고 싶은데 안 된다고 하면 속상하고 화도 나고 그래.

❋ 엄마는 초콜릿, 젤리, 사탕, 아이스크림…… 아들이 좋아하는 간식들을 계속 줄 거야.

훈육 이유를 아이 중심 메시지로 전달하기
❋ 젤리만 계속 먹다가 네 배가 아플까 봐 그래. 지난번에도 배가 아팠을 때 3일 동안이나 간식을 못 먹었잖아.
❋ 엄마가 햄버거 모양 젤리도 사주려고 했는데 고민스럽네. "오늘은 그만 먹고 내일 또 먹을래요" 해야 엄마가 '우리 아들 배탈 안 나겠구나' 하고 또 사 오지.

훈육의 긍정적인 결과를 확인시키기
❋ 어제 젤리를 두 개만 먹은 사람? 조절 잘하는 어린이~ 오늘은 햄버거 젤리로 먹자!
❋ 요즘에 배 아픈 적이 있었나? 없네! 그래서 엄마가 맛있으면서 건강한 쿠키를 주문했지!

별문제 없는 일상에서 즐겁게 훈육 가치를 전하기
❋ 스스로 젤리 뚜껑을 덮다니! 이렇게 잘 조절하니까 걱정 없네. 맛있는 젤리가 어디 있나? 찾아봐야겠다.
❋ 간식이 더 먹고 싶으면 엄마랑 같이 생각해보자. 오늘 하나 더 먹는 게 좋을지, 기다렸다가 내일 먹는 게 좋을지.

아이가 반드시 해야 할 행동을 거부할 때

등원(등교)을 거부할 때

표현은 단호하게, 메시지는 따뜻하게
- 아침 일찍 일어나서 매일 유치원에 가는 것은 쉬운 일이 아니야. 엄마도 잘 알아.
- 유치원에 안 가고 엄마랑 같이 있고 싶은 거지? 엄마랑 똑같네. 엄마도 너랑 같이 있고 싶어.
- 엄마가 이번 달에 언제 쉴 수 있는지 달력을 찾아볼게. 하루는 평일에 쉴 수 있어.

훈육 이유를 아이 중심 메시지로 전달하기
- 오늘은 엄마가 회사에 이야기를 못 했어. 유치원에 안 가면 너 혼자 있어야 하잖아. 위험해서 혼자 둘 수가 없어.
- 미리 날짜를 정하면 그날은 같이 쉬면서 엄마랑 소풍도 갈 수 있어. 유치원 안 가는데 집에만 있으면 아쉽잖아. 특별히 쉬는 날에는 특별하게 보내야지.

훈육의 긍정적인 결과를 확인시키기
- 네가 유치원에 간 동안 엄마가 청소도 하고, 밥도 다 지었어. 오늘은 엄마랑 보드게임을 많이 할 수 있겠다.

❋ 미리 말하고 쉬니까 소풍도 올 수 있고, 좋지? 갑자기 쉬었으면 그냥 집에만 있었을 텐데.

별문제 없는 일상에서 즐겁게 훈육 가치를 전하기
❋ 벌써 일어난 거야? 오늘은 빨리 나갈 수 있겠다. 일을 빨리 끝내고 우리 아들하고 더 빨리 만나야지.
❋ 유치원에는 매일 가야 하지만 한 번씩 가기 싫을 때가 있어. 그럼 엄마랑 또 데이트하는 날을 정해볼까?

불편함 때문에 씻기를 거부할 때

표현은 단호하게, 메시지는 따뜻하게
❋ 머리에는 물을 안 뿌리고 몸에만 뿌리고 싶은 거지?
❋ 눈에 물이 들어가서 눈도 따갑고 많이 놀랐을 거야. 싫은 게 당연하지.
❋ 엄마가 '물이 눈에 안 들어가게 머리 감는 언니' 동영상을 찾았어. 언니는 어떻게 머리를 감는지 보자.

훈육 이유를 아이 중심 메시지로 전달하기
❋ 엄마는 우리 딸 머리를 엘사처럼 묶어주려고 하는데, 끈적거리고 먼지도 많아서 그렇게 못 묶어주겠네.
❋ 계속 안 감으면 먼지가 더 많이 달라붙어. 그러면 오래 감아

야 하잖아.

훈육의 긍정적인 결과를 확인시키기
* 엄마가 우리 딸 눈을 좀 볼까. 뽀송뽀송하네. 물이 한 방울도 안 들어갔어!
* 벌레가 없으니까 먼지들만 샴푸로 쓱쓱 헹궈내면 되네. 그래서 이렇게 빨리 끝나나 봐.

별문제 없는 일상에서 즐겁게 훈육 가치를 전하기
* 이따가 머리를 감을 때 어떤 수건으로 가리고 있을까? 이 수건이 좋겠다. 두꺼워서 물이 들어가고 싶어도 못 들어갈 것 같아.
* 오늘은 어떤 모양으로 머리를 묶어볼까? 머리카락에 먼지가 없으니까 발레리나 머리도 할 수 있고, 공주처럼 풀어도 예쁘네. 다 잘 어울린다!

숙제는 미루고 놀기만 할 때

표현은 단호하게, 메시지는 따뜻하게
* 더 놀고 싶은데 너무 빨리 숙제할 시간이 됐지?
* 아빠도 재미있게 놀다가 중간에 멈추려면 아쉽고 속상해.
* 어떤 놀이를 하고 싶은 거야? 몇 분이 더 필요해?

훈육 이유를 아이 중심 메시지로 전달하기

✿ 네 숙제가 남아 있으면 아빠도 "언제 숙제할 거니?"라고 자꾸 물어보게 돼. 숙제를 다 끝내고 놀아야 편하지 않을까?

✿ 자꾸 미루면 숙제하는 데 얼마나 시간이 걸릴지 모르기 때문에 놀이 시간을 많이 가질 수 없어.

훈육의 긍정적인 결과를 확인시키기

✿ 숙제를 다 하고 노니까 마음이 편하네. 이제 놀다가 그냥 자면 되겠다.

✿ 숙제가 이렇게 빨리 끝나다니! 숙제를 마지막에 했으면 피곤해서 오래 걸렸을 거야.

별문제 없는 일상에서 즐겁게 훈육 가치를 전하기

✿ 스스로 숙제를 하는 거야? 알아서 숙제하는 어린이가 있다니. 아홉 살 형님은 다르네.

✿ 숙제하기 싫을 때가 있어. 놀이를 먼저 하고 싶을 때도 있을 거야. 그런 일이 생기면 어떻게 할지 아빠랑 또 얘기해보자.

부모의 거부적 훈육 정도 알아보기
훈육으로 아이는 얼마나 상처받고 있을까?

다음 문항들은 훈육할 때 아이가 부모의 사랑을 오해하게 만드는 표현입니다. 여러분에게 해당하는 문항이 몇 개나 되는지 체크해보세요. 이 같은 거부적 훈육이 잦을수록 아이는 훈육 이유가 확실해도 서운함을 느끼고, 훈육을 마친 후에는 부모의 눈치를 보거나, 분노나 죄책감 같은 부정적 감정을 느낄 수 있습니다.

- ☐ 나는 아이가 울음을 그칠 때까지 그대로 두는 편이다.
- ☐ 나는 훈육 후에 아이가 다가오면 바로 기분을 풀기 어렵다.
- ☐ 나는 아이가 잘못을 인정할 때까지 훈육을 마치지 않는다.
- ☐ 나는 아이가 삐치면 그대로 두는 편이다.
- ☐ 나는 아이가 울거나 고집을 부리면 화를 낸다.
- ☐ 나는 소리 지르며 화내는 대신 아무 말도 하지 않는다.
- ☐ 나는 훈육이 길어지면 아이를 두고 자리를 이동한다.

- [ ] 나는 "울지 마", "안 돼"같이 아이의 행동을 통제하는 말부터 먼저 튀어나온다.
- [ ] 나는 훈육할 때 "엄마 화났어", "너 때문에 속상해"같이 나의 부정적인 감정을 표현한다.
- [ ] 나는 훈육할 때 아이를 체벌하거나 벌을 준다.
- [ ] 나는 훈육 상황에서 아이와 오랜 시간 대치한다.
- [ ] 나는 훈육할 때 아이가 안기면 뿌리친다.
- [ ] 나는 아이 스스로 뉘우칠 때까지 생각하는 의자에 앉혀둔다.
- [ ] 나는 같은 상황이어도 감정에 따라 아이를 대하는 태도가 다르다.
- [ ] 나는 내 아이지만 울고 떼쓰면 미워 보인다.

★ 0~5개
"훈육은 훈육일 뿐 엄마, 아빠의 사랑을 오해하지 않아!"… 부모가 훈육할 때 거부적 표현을 거의 하지 않기 때문에 아이가 상처받는 일이 적습니다. 서운한 감정이 들더라도 오래 지속되지 않습니다. 훈육 후에도 아이의 감정이 부정적이라면 이는 부모의 사랑을 오해해서가 아니라, 자신이 원하는 것을 얻지 못한 분노를 드러내는 것으로 봐야 합니다.

★ 6~10개
"엄마, 아빠 미워! 흥! 칫! 너무해!"… 훈육 이유가 명백해도 아이는 언제나 서운합니다. 마음대로 안 되어 속상한데 부모도 자기 마음을 몰라주니까요. 안 되는 것을 알기에 자신이 원하는 것을 포기하지만, 훈육 자체보다 부모의 거부적 표현에 집중하여 훈육 효과가 떨어집니다.

★ 11~15개 ••

"왜 나만 가지고 그래? 내가 뭘 어쨌다고!"… 훈육이 왜 시작됐는지, 내가 어떻게 행동해야 하는지는 아이에게 하나도 중요하지 않습니다. 언제나 훈육은 괴로운 과정이었기에 부모가 훈육을 시작하면 거부감부터 올라오고, 훈육을 마치면 분노가 자리합니다. 훈육으로 인해 문제 행동은 멈추더라도 거부적 표현이 강력하여 부모가 진짜 전하고 싶은 훈육 가치는 전달되기 어렵습니다.

Chapter
4

아이의 마음을 열고 행동을 바꾸는 애정 표현의 기술

육아도 일종의 연애다

사랑에 빠진 연인은 어떤 모습일까요? 생각나는 대로 한번 적어 보세요.

아이는 여러분이 지금 적은 모습으로 자신을 사랑해주기를 원하고 있습니다. 나와 눈을 맞추면서 내 얼굴만 봐도 웃음을 지어주기를, 내 실수도 웃으며 넘기고 나의 작은 몸짓과 표정 하나하나에도 귀여워해주기를, 온종일 같이 붙어 있어도 부족해 아쉬워하는 연인처럼 대해주기를 바라고 또 바랍니다.

지금 부모의 사랑이 아이에게 잘 전달되고 있다면 아이가 부모를 바라보는 눈빛도 사랑스러울 것입니다. 화가 나서 울다가도 부모가 안아주면 스르르 풀리고, 혼자 놀다가도 수시로 찾아와 자주 안기면서 부모와 스킨십을 하고 싶어 할 것입니다.

부모의 사랑을 효과적으로 전하고 싶다면, 내 아이와 진짜 사랑에 빠지고 싶다면 아이를 연인처럼 대해보세요. 이제부터 제가 알려드리는 방법대로 아이의 눈높이에 맞추어 사랑을 전한다면 아이는 반드시 화답해줄 것입니다.

친밀감 높이기 프로젝트

아이와 단둘이 보내는 일대일 시간

친밀감이란 함께 있을 때 편안하고 가깝게 느껴지는 마음입니다. 단둘이 있을 때도 어색하거나 불편하지 않죠. 부모의 입장에서는 '어떻게 부모와 자식이 어색할 수 있지?'라고 반문할지 모르겠습니다. 하지만 많은 부모가 정작 자기 부모는 어색하고 불편한 존재로 표현합니다. 이는 어린 시절부터 경험적으로 쌓아온 감정이죠. 특별한 계기가 없는 한 그동안 편하게 느껴지던 부모님이 어느 날 갑자기 어색해질 리는 없으니까요.

저는 서울시건강가정지원센터의 전문 강사로 수년 동안 활동하면서 아버지 교육을 했는데 아빠와 아이가 함께하는 놀이 수업도 진행했습니다. 아빠들은 부모 교육을 받은 상태에서 놀이에 참여하기 때문에 수업에 매우 적극적으로 임하지만, 아이들은 평소처럼 아빠와 마주합니다. 잠시나마 의욕이 앞선 아빠와 달리, 아이는 그대로라는 뜻이죠.

아빠와 아이가 함께하는 수업은 언제나 눈맞춤 놀이로 시작합니다. 그런데 아빠의 마음과 달리 아이가 어색해하여 눈맞춤이 어려운 경우가 꽤 많아요. 이런 아이들은 수업 내내 눈을 어디에 둘지 몰라 아빠보다 더 혼란스러워합니다. 아빠를 봐야 하는데 자꾸 설명하는 저를 바라보거나, 아빠 품에 있어도 고개를 돌린 채 피하려는 아이도 있습니다. 물론 처음 보는 선생님이 놀이를 소개하니 아이의 기질에 따라 참여하기가 어려운 경우도 있죠. 그러나 놀이에 참여는 하는데 눈을 마주치려 하지 않는다면 평소에 아이와 눈을 바라보면서 소통한 경험이 없다는 뜻입니다.

이럴 때 아빠는 당혹스러워하면서 억지로라도 아이와 눈을 맞추려 하는데, 너무 조급히 생각하면 안 됩니다. 아이가 일곱 살이라면 7년 동안 안 하던 것을 하루아침에 바꿀 수는 없으니까요. 하지만 앞으로 주어진 시간에 아이와 눈을 맞추려 노력한다면 아이도 부모의 눈을 바라봐줄 것입니다.

그런데 부모는 항상 아이를 바라보고 싶은 걸까요? 아이와 단둘이 있을 때 어색하다는 부모도 있습니다. 자꾸 뭔가를 해야 할 것 같고 아무것도 안 하면 불편한 마음이 든다고요. 친밀감은 편안한 마음이 기본입니다. 부모도 아이와 있는 것이 편안해야 돼요. 직장 생활을 하듯 아이가 잠들기 전까지 강박적으로 이런저런 활동을 계속

한다면 그 관계는 친밀하다고 말할 수 있을까요?

아이와의 친밀감을 높이기 위해서는 기본적으로 아이와 보내는 일대일 시간을 확보해야 합니다. 하루 종일 함께 지내도 같은 일상만 반복하거나, 언제나 부모 둘 다와 함께하고 형제자매가 있어서 의외로 아이와 단둘이서만 보낼 시간이 별로 없는 경우가 많습니다. 일대일 시간이란 같은 공간에서 의미 없이 보내는 시간이 아니라 오직 '아이와 나' 둘만을 위한 특별한 시간을 말합니다. 이 시간을 이용하여 친밀감을 높여야 하죠.

둘만을 위한 특별한 시간이라고 해도 놀이공원에 가고, 물감 놀이를 하고, 박물관이나 미술관에 가고…… 이렇게 대단한 뭔가를 해야 한다는 의미가 아닙니다. 지금 아이와 이미 하고 있는 일상도 얼마든지 특별하게 만들 수 있어요.

'나만의 필살기'를 만들어보세요. 필살기라 하여 거창할 필요는 없어요. 아이스크림 사러 가기, 그네 밀어주기, 비행기 접어주기도 필살기가 될 수 있습니다. 다만 거기에는 다른 사람은 넘볼 수 없는 뭔가가 있어야 하죠.

예를 들어 아이가 좋아하는 아이스크림 가게가 멀리 있다면 그곳에는 아빠하고만 갑니다. 아빠만 데려갈 수 있는 건 아니지만 아빠의 필살기로 만들기 위해 엄마는 일부러 넘보지 않는 것입니다. 놀이터에서 그네를 밀어줄 때도 아빠는 100번 밀어주기를 합니다. 엄마도 100번 밀어줄 수 있지만 그런 이야기는 굳이 꺼내지 않는 거예요. 일대일 시간에 아이와 산책하면서 '손잡고 발맞추어 걷기'를 하거나, 아이의 목욕을 도와주면서 '거품 장갑, 거품 양말 만들기'도 할 수 있습니다.

다행히도 아이들은 반복을 좋아해서 이렇게 친밀감을 높이는 방법을 날마다 새롭게 연구할 필요가 없습니다. 몇 가지 아이가 좋아하는 활동을 반복하면서 웃음을 주다 보면 "아빠, 이제 그네 110번 밀어주기로 해요", "엄마, 거품 팔찌도 만들어주세요"라고 아이가 스스로 규칙을 바꾸어 제안하고 부모는 따르기만 하면 됩니다.

이처럼 특별한 시간은 일상에서 찾는 것입니다. 같은 활동을 책임과 의무로 하느냐, 짧게라도 연인과 함께하듯 즐겁게 하느냐의 차이입니다. 이 작은 차이가 부모와 놀이터에서 함께 그네를 탄 시간, 욕실에서 함께 목욕한 시간을 즐거운 기억으로 남겨줍니다. 아이와 함께하는 모든 시간을 특별하고 재미있게 만들어줄 수는 없지만, 이렇게 반복적으로 즐거움을 주면 이 매일의 경험이 부모에 대한 긍정적 인식으로 쌓일 것입니다.

아이의 일상을 특별한 시간으로 만들어주는 팁

Step 1 아이에게 일대일로 몰입하는 시간을 만들어요. 내 상황에서 실천 가능한 방법을 선택합니다.

① 하루 10분

② 10분도 만들기 어렵다면 횟수로 쪼개어, 가령 5분씩 하루 두 번
③ 일주일에 30분 외출하기

Step 2 동영상 보기, 노래 부르며 춤추기, 등에 태우고 움직이기, 같이 안고서 블루스 추기, 종이접기, 그네 밀어주기, 아이스크림 데이트 등등 그 시간에 아이와 함께할 수 있는 활동을 적고 나서 나만의 필살기로 만듭니다. 잘 생각나지 않아도 걱정하지 마세요. 이 책에서 소개하는 활동 중에서 내가 실천할 수 있는 활동을 적어봅니다.

Step 3 Step 2에서 결정한 활동에 둘만의 애칭을 붙여 특별함을 더합니다.

로봇이 변신하는 동영상을 함께 본다면 "변신변신 팡팡", 아이를 등에 태우고 움직이는 놀이를 한다면 "아빠 코알라 합체", 놀이터에서 그네를 밀어주기로 했다면 "그네 하늘까지 100번 타기"처럼요. 따로 애칭을 붙이기 어렵다면 "바나나 우유팩 만들기", "알록달록 컵 아이스크림 사러 가기"처럼 상세하게 풀어서 얘기해도 좋습니다.

아이한테 "아빠랑 놀이터에 갈까?", "엄마랑 종이접기를 해야지!"라고 평범하게 말하지 마세요. "'그네 하늘까지 100번 타기' 하러 가야지!", "'바나나 우유팩 만들기' 할까?"라고 애칭을 넣어 구체적으로 표현해주면 평소에 아이가 자주 하던 놀이라도 색다르게 느낍니다.

한 가지 팁을 더 드리자면 다음과 같은 말은 아이를 더욱 신나게 만듭니다.

❀ (마치 중요한 일을 깜빡한 듯) 어머! 우리 오늘 우유팩을 안 접었잖아!

❀ (아이가 좋아할 만한 상황을 언급하며) 오늘 아빠가 모르고 그네를 101번 밀면 어떡하지?

❀ (아이와의 일대일 놀이를 즐겁게 제안하며) 아빠랑 코알라 합체를 하고 싶은 사람 어디 있지?

❀ (연인처럼) 아빠는 우리 딸이 골라주는 아이스크림이 제일 맛있더라.

❀ (엄마가 더 아쉬운 듯이) 안 돼! 아직 안 끝났어! 한 번 더 남았어!

❀ (엄마가 더 의욕을 부리며) 엄마가 네 거품 장갑을 엄청 두껍게 만들 거야. 네 손가락을 다 숨겨버릴 거야.

기대감 높이기 프로젝트

작은 일도 대단한 일인 듯, 재미있는 일인 듯

연인 사이에 "우리 다음 달에 여행 갈까?"라는 제안에는 "그러지, 뭐", "우리 주말에 만나서 영화 보자"라는 제안에도 "그래, 알아서 예약해"라고 심드렁하게 대답하면서 아무런 기대감도 보이지 않는다면 어떨까요?

반대로 "이번 달이 빨리 지나가면 좋겠다"나 "재미있겠다. 예매하면 알려줘. 평점이 얼마나 되는지 찾아봐야지"라고 상대의 제안에 기대감을 드러내준다면 직접 여행지를 알아보고 적극적으로 영화표를 예매하지 않더라도 상대는 기뻐할 것입니다. 아이도 마찬가지입니다. 아이와 함께하는 작은 일도 마치 대단한 일인 듯 기대감을 표현하면 아이의 마음은 사랑의 날개를 답니다.

✿ 내일 우리 딸이랑 아이스크림을 먹으러 가는 날이네. 아빠는 수요일만 기다려!
✿ 이번에 새로 생긴 놀이터에는 미끄럼틀이 보라색이래.
✿ 아들~ 10월 7일에 새로운 게임이 출시된다며?

평소에 아이가 좋아하는 것을 대화의 소재로 삼아서 그에 대한 기대감을 부모도 함께 표현해주는 것입니다. 이런 기대감은 매일 반복적으로 먹고 씻고 자는 일상 속에서도 표현할 수 있습니다.

✿ 우리 이따가 뽀로로 칫솔로 치카해야지! 우리 딸이 치카하는 모습을 보고 싶다.
✿ 오늘은 부드러운 잠옷을 입을까? 보들보들한 잠옷을 입으면 잠이 잘 올 거야.
✿ 엄마랑 공룡 책을 읽을까? 엄청 재미있게 읽어줘야지. 공룡 소리도 똑같이 낼 거야. 우어~~~~!
✿ 우리 아들이 세수할 때 눈을 감고 있는 모습을 보고 싶다. 눈을 감아봐. 맞아, 이거야! 빨리 보고 싶어!! 나중에 세수할 때 눈을 꼭 감아야 돼!!! 뜨면 안 돼!!!!

영화나 TV 프로그램의 예고편이 재미있으면 평소 관심이 없었던 내용이라도 찾아보게 되죠? 그런 예고편처럼 다음에 일어날 일의 즐거운 요소를 꺼내어 미리 얘기하여 아이의 기대감을 높이는 것입니다. 매일 하는 양치, 매일 먹는 밥, 매일 읽는 책이지만 의도적으로 기다려지게 만드는 것이죠. 아이의 현재 모습이 아닌 미래 모습도 기대감의 소재로 이용할 수 있습니다.

✿ 이렇게 밥을 많이 먹어서 엄마보다 더 커지는 것 아니야?
✿ 엄마보다 더 커져서 엄마를 업고 다니는 것 아니야?
✿ 아빠는 우리 아들이랑 두발자전거도 같이 타고 싶다!
✿ 우리 딸이 열 살 되면 아빠랑 매운 낙지를 먹으러 갈까?

저는 이런 것들을 '물밑 작업'이라 부르는데, 특히 아이들이 힘들어하는 일상적 생활 습관을 만드는 데 유용한 긍정 훈육법입니다. 양치를 한 뒤에 어떤 즐거운 일이 기다리는지, 밥을 먹은 후에 무슨 간식을 먹을 수 있는지 물밑 작업으로 기대감을 높여놓으면 아이가 좀 더 수월하게 움직일 수 있어요.

훈육 목적 이전에, 이렇게 매일 반복되는 일상 속에서 부모와 함께 작은 즐거움들을 발견하는 것은 그 자체로 더욱 가치가 있습니다. 일상의 즐거움을 느끼면 놀이를 멈추고 양치를 하는 것이 아쉬울 수는 있어도 분노할 만큼 싫지는 않아요. 아이가 진정으로 원하는 것은 부모의 사랑과 관심이기에 기대감만 잘 주어도 부모와 같이 하는 모든 순간이 즐거운 놀이가 됩니다.

그런데 보라색 미끄럼틀을 태우고 공룡 목소리로 책을 읽어주는 것이 부모에게는 기대되지 않고 오히려 피곤한 일이라면 기대감을 표현하기 어색할 것입니다. 어떻게든 아이에게 기대감은 안겼더라도 실제로 미끄럼틀을 타고 책을 읽을 때 기대감을 준 만큼 즐겁게 상호작용하기는 어렵겠죠. 처음에는 부모도 진심으로 '오, 재미있겠다! 보고 싶다! 기대된다!'라고 느껴지는 일부터 시작해보기를 권합니다. 그렇게 하나씩 실천하다 보면 아이를 위해 시작한 일이지만 부모도 아이와 함께하는 평범한 일상이 더욱 고맙고, 함께할 미래가 더욱 기대될 것입니다.

아이의 일상을 기대감으로 가득 채우는 팁

Step 1 아이에게 무엇으로 기대감을 줄지 적어보세요.

① 외적 보상 : 평소에 아이가 좋아하는 것, 자주 대화에 언급하는 것, 오랜 시간 집중하는 것, 부모가 포기시킬 때 떼를 쓰는 것 모두 외적 보상이 될 수 있습니다.
▶▶초콜릿, 곤충 관찰, 게임, 키즈 카페, 공룡, 분홍색, 산책, 모래 놀이

② 일상생활 : 매일 반복하는 일상생활에 대해서도 기대감을 줄 수 있습니다. 평소에 생활지도를 하기 어려운 경우라면 비교적 잘 따라올 수 있는 습관부터 시도해봅니다.
▶▶식사 시간, 양치, 샤워, 머리 말리기, 등원(등교) 준비, 옷 입기, 수면 의식

③ 미래 : 현재는 아이의 신체적 제한, 연령, 외부적 요인으로 할 수 없지만 미래에는 가능한 일이나 새로운 도전 과제들에 대해 이야기를 나눕니다.

▶▶ 신체 성장, 줄넘기, 자전거 타기, 높은 산 오르기, 전국 일주, 12세 이상 관람가 영화 보기, 매운 음식 먹기

Step 2 Step 1에서 작성한 내용을 구체적인 말로 표현해보세요.

❀ 초콜릿 : 아빠 회사 근처에 있는 편의점에는 신기한 초콜릿을 팔아. 부드러운 초코 크림 속에 바삭한 초코 과자가 들어 있더라고!

❀ 곤충 관찰 : 요즘 산에 가면 매미가 아주 많대. 아빠 주먹만큼 큰 매미도 있지 않을까?

❀ 식사 시간 : 오늘의 반찬은 바로! 두구두구두구~ 짜장밥! 우리 딸이 좋아하는 고기도 많이 넣어줄게. 너무 맛있어서 밥을 두 공기나 먹으면 안 돼, 안 돼. 배 아파.

❀ 옷 입기 : 오늘 엄마는 흰색 옷을 입을 거야. 바닐라 아이스크림처럼. 아들은 무슨 색? 진짜? 초록색? 브로콜리? 티라노? 와우, 초록 옷 입은 티라노를 빨리 만나고 싶다!

❀ 신체 성장 : 네 발이 벌써 이렇게 커진 거야? 이제 엄마랑 발 크기가 똑같아지겠네. 엄마 발만큼 커지면 뾰족구두를 신고 어떻게 걷는지 엄마가 가르쳐줄게.

❀ 자전거 타기 : 우리 아들이 높은 자전거도 타고 많이 컸네. 우리 두발자전거도 배우면 아빠랑 자전거 여행을 갈까?

Step 3 무엇에 대한 기대감부터 높일지 우선순위를 정하세요. 부모 자신도 기대되는 것을 먼저 체크합니다. 아이에게 기대감을 주었던 일을 실천할 때는 이 일을 얼마나 기대했는지에 대해 언급하면서 부모의 만족스러운 감정을 표현해줍니다.

❀ (목표한 바를 이루어낸 듯) 아빠는 여기에 우리 아들이랑 꼭 같이 오고 싶었어!

❀ (이날을 얼마나 기다려왔는지 기쁨을 표현하며) 드디어 우리가 자전거 여행을 간다!

❀ (아이가 무엇을 좋아하는지 언제나 아는 듯) 맛있지? 네가 이 초콜릿을 좋아할 줄 알았어!

❀ (아이의 성장을 감격스러워하며) 우리 딸이 엄마랑 같은 신발을 신는 날이 오다니!

❀ (이 시간을 위해 부모가 노력한 바를 알리며) 공룡 목소리를 연습했더니 엄마 목소리랑 공룡 목소리랑 진짜 똑같지?

감탄사를 입버릇으로 프로젝트

"귀여워!", 아이의 존재 자체에 대한 감탄

아이에게 "아우, 귀여워!"라는 말, 하루 동안 얼마나 하시나요?

'수시로, 아이가 귀여워 보일 때마다 수십 번도 더'라고 대답했다면 아주 좋습니다. '하루에 세 번? 이틀에 한 번? 내가 몇 번이나 그렇게 말하더라……'라고 고민하게 되거나 횟수로 대답했다면 앞으로는 "귀여워!"라는 말을 입에 달고 산다는 생각으로 수시로 얘기해주세요. "귀여워!" 대신에 "아우, 예뻐!"나 "왜 이렇게 사랑스럽지?"같이 다른 표현으로 대체할 수도 있습니다.

아이를 바라보면서 혼자 마음속으로 귀여워하면 안 돼요. 부모의 마음이 겉으로 드러나야 합니다. 아이가 엄마를 찾아오면 "어디서 이렇게 사랑스러운 아이가 왔어?"라고 해주고, 소변을 보면 "우리 아들은 어떻게 쉬하는 소리도 귀엽냐?" 하는 거예요. 아이가 걸어가는 뒷모습을 보고 "엉덩이가 실룩거리는 것 좀 봐! 귀여워죽겠어!", 세수할 때도 "뭐야, 왜 이래? 뭐가 이렇게 귀여워" 합니다.

이런 표현들은 전부 아이의 존재 자체에 대한 감탄이에요. 나는 그냥 걸어 다녔을 뿐이고, 소변이 마려워 화장실에 갔을 뿐인데 부모가 그 모습을 사랑해주는 것이죠. 내가 밥을 잘 먹어서, 동생에게 양보해서 이끌어내는 칭찬과는 출발점이 달라요. 아이는 "아우, 귀여워", "왜 이렇게 예쁘지?" 같은 감탄의 말을 들으면서 사랑받기 위해 노력하지 않아도 자신은 있는 그대로 소중한 존재라는 사실을 알게 됩니다.

그렇다면 "아우, 귀여워"라는 이 말, 몇 살까지 통할까요?

몇 해 전, 어느 학교에서 양육 코칭을 진행하면서 스스로를 무서운 엄마라 칭하며 아이에게 애정 표현을 해본 적이 거의 없다는 엄마를 만났습니다. 이 엄마가 고등학교 2학년 아들에게 시도해본 거예요. 엄마는 운전을 하고 아들은 뒷자리에 앉아 있는 상황에서 쉽게 입이 떨어지지 않았는데도 투박하게 "우리 차 뒤에 왜 귀여운 애가 앉아 있냐?"라고 용기를 내었습니다. 그런데 아들이 "엄마, 왜 그러세요. 오글거려요"라고 대답했죠. 그 순간 민망해진 엄마는 "엄마도 숙제라서 하는 거야"라고 대충 얼버무리고 말았습니다. 아들은 엄마의 말을 듣고 어떤 감정을 느꼈을까요? 엄마의 표현이 오글거린다던 고등학교 2학년 아들은 그 후 하루에도 몇 번씩 "엄마, 오늘은 숙제 안 하세요? 숙제하셔야죠"라면서 엄마 주변을 서성이며 말을 걸었다고 합니다.

맞습니다. '귀여워' 마법은 연령 제한이 없습니다. 아이가 고등학생이거나 남자이거나 상관없죠. 저는 남편의 볼도 한 번씩 감싸면서 "왜 이렇게 귀여워?"라고 말하는데, 그러면 남편은 "에이, 나이가 몇 살인데 귀여워?"라고 겸연쩍어하면서도 입가에 미소가 떠나지 않더군요. 한 아이의 엄마가 되었지만, 지금의 저도 "우리 딸은 엄마가 되어도 왜 이렇게 귀엽냐"라는 말을 듣는다면 조금 쑥스럽긴 하겠으나 무척 좋을 것 같습니다. 제가 딸에게 가장 자주 사용하는 표현도 바로 '귀여워'입니다. 아이를 보면 자동적으로 이 말이 튀어나오죠. 그렇다면 의식적으로 이렇게 표현하는 것도 효과가 있을까요?

러브 마스터 과정의 1주차 수업에서는 '귀여워'를 필두로 마음껏 아이의 존재에 감탄하라는 과제를 냅니다. 아이의 기질과 연령, 부모의 양육 태도와 관계없이 모두가 똑같이 실행하는 것입니다. 단지 일주일 만에 아이들은 어떤 변화를 보였을까요?

자꾸 귀엽다고 했더니 성가신 듯 그만하라던(그런데도 표정은 계속 밝았던) 어린 누나는 엄마가 동생을 안아줄 때 같이 예뻐해줬습니다. 질투심에 "동생 미워!"를 외치던 아이였는데 말이죠. 한 엄마는 평소에 자주 하던 말들이라 좀 더 의도적으로 과장해서 표현했는데 별 반응 없을 줄 알았던 아이가 예상보다 행복해하여 그동안 자신이 얼마나 건조하게 애정 표현을 했는지 깨달았다고 했습니다. 시큰둥하게 "엄마네 선생님이 나 예뻐해주래?" 하며 과제임을 알아챈 아이까지 감탄의 말이 부모의 입에 점차 붙어가자 부드럽고 사랑스러운 행동으로 되돌려줬다는 이야기도 들었습니다.

이렇게 매 기수마다 부모들은 큰 기대 없이 인위적인 과제를 시작했고, 아이들의 반응은 언제나 부모의 기대를 뛰어넘었죠. 처음에는 어색한 마음에 의식적으로 표현하려고 애써야 했던 부모들도 "아우, 귀여워!", "아우, 예뻐!"가 점차 마음에서 우러나와 자연스러워졌습니다. 입 밖으로 소리 내어 연습해보세요. 부모의 사랑을 이보다 쉽게 전할 수 있는 방법은 없습니다.

귀엽지 않은 데가 없는 아이에게 효과적으로 감탄하는 팁

Step 1 아이와 함께 지내는 공간에서 귀여워할 거리들을 찾아봅니다.

① 장소 : 욕실, 식탁, 소파, 놀이터 등
② 상황 : 아이의 어떤 모습이 사랑스러우세요? 샴푸를 머리에 묻힌 모습, 밥 먹을 때 입을 벌리는 모습, 소파에 다리 한쪽을 들고 앉아 있는 모습, 고사리손으로 그네를 꼭 잡고 있는 모습 등을 한번 적어보세요.
③ 횟수 : 하루에 몇 번 얘기할지 정하세요. 하루에 10번 이상은 되어야 합니다.

Step 2 Step 1의 상황을 상상하면서 말로 표현해봅니다.

"머리에 샴푸 거품이 묻은 게 왜 이렇게 귀여워? 아우, 귀여워!"나 "그네에서 떨어지면 안 되니까 꽉 잡은 거야? 힘주는 것도 귀엽다!"처럼 구체적인 상황을 묘사해 표현할 수 있습니다. 아니면 아이의 얼굴을 감싸면서 "왜 이렇게 귀엽냐", 아이의 손을 이리저리 돌려보며 "아우, 귀여워"라고 짧게 표현하는 거지요.

아이가 그림을 그리거나 장난감을 정리하는 등 어떤 행동을 할 때보다 아무것도 하지 않을 때를 공략하면 좋습니다. '나는 그냥 변기에 앉았을 뿐인데 엄마가 사랑스러워하네?'라고 느끼면 성공입니다.

- ✿ (아이가 귀엽다는 사실을 처음 알아낸 듯) 아니, 언제부터 이렇게 귀여웠던 거야?
- ✿ (믿을 수 없다는 듯) 뭐야~ 왜 이래!!! 이렇게 귀여운 아이가 세상에 어디 있어?
- ✿ (아이의 귀여움에 취한 듯) 어우~ 귀여운 냄새…… 어우~ 너무 좋다!
- ✿ (연예인을 실제로 보고 속닥거리듯) 봤어? 걸어 다니는 귀여운 엉덩이 봤어?
- ✿ (너무 귀여워서 짜증 나는 듯) 아우, 진짜! 왜 이렇게 귀여운 거야! 뽀뽀하고 싶어서 집중이 안 되네! 으이, 진짜! 쪽쪽쪽쪽쪽쪽!!!

공통점 찾기 프로젝트

아이가 가장 닮고 싶어 하는 사람은 부모

소개팅을 하면 우리는 처음에 서로의 관심사를 이것저것 물으며 탐색하다가 공통점을 발견하고 나서야 대화의 물고를 트면서 이야기꽃을 피웁니다. 또한 우리는 사랑하는 사람과 둘만의 징표를 만들면 좀 더 특별한 사이로 느끼고 그 관계도 더욱 끈끈해집니다. 그래서 많은 연인이 머리부터 발끝까지 커플룩으로 도배하거나 커플링을 맞추면서 둘만의 사랑을 더욱 견고히 하죠.

아이도 부모와의 공통점을 찾고 닮은 점을 확인할 때 안정감을 느낍니다. 본능적으로 부모와의 애착이 견고해지기를 원하기 때문이죠. 존경하는 멘토의 말투를 모방하고, 그와 비슷한 옷차림을 하고, 같은 책을 읽고, 그의 가치관을 닮고 싶어 하는 것처럼 아이들은 엄마 옷을 입고 아빠 구두를 신어보면서 자기 마음을 드러냅니다.

이처럼 부모의 행동을 따라 하는 아이들의 발달 특성을 정신분석이론가 지그문트 프로이트(Sigmund Freud)는 오이디푸스 콤플렉스와 엘렉트라 콤플렉스로 설명했고, 사회행동주의 이론가 앨버트 반두라(Albert Bandura)는 모델링을 통해 사회적 역할을 학습하는 과정으로 바라봤으며, 애착이론가 고든 뉴펠드(Gordon Neufeld)는 동일시라는 개념으로 부모와 애착을 형성해가는 과정에서 필요한 단계라고 했습니다. 아이는 발달 과정에서 부모의 행동을 따라 하면서 불안을 잠재우고 사회를 배워나가며 안정적인 애착을 형성하는 것입니다.

그렇다면 아이가 바라보는 우리는 어떤 모습이어야 할까요? 나는 아이의 멘토가 될 자격이 없다고 자책할지 모르겠습니다. 하지만 우리는 지금까지 얘기해왔듯 아이에게 누구로도 대체할 수 없는 제1의 멘토이자 연인입니다. 부모를 닮고 싶은 마음을 아이가 표현하기 전에 부모가 먼저 표현해주세요. 존경하는 멘토를 닮고 싶어 그의 발자취를 따라가고 있는데 그가 '우리는 공통점이 참 많은 사람들이네요'라고 먼저 얘기해준다면 어떨까요? 내가 일방적으로 따라갈 때와는 차원이 다른 감정을 느끼게 될 것입니다. 이처럼 부모가 공통점을 찾아 먼저 표현해준다면 아이는 짝사랑하던 친구가 사실은 오래전부터 나를 좋아하고 있었다는 고백을 받는 것처럼 설레고, 진정으로 사랑을 시작할 수 있습니다.

아이가 아주 어릴 때도 공통점 찾기가 가능합니다. 아기가 파란 컵을 들고 있으면 엄마도 파란 컵을 들고 "파란색이네!" 하면서 아이와 눈을 맞추며 시각적으로 공통점을 보여줍니다. 똑같은 색깔에 관심을 가진 아이가 같은 컵을 들고 있는 엄마에게 집중하면 박수를 치면서 "파란색!!!!!" 하고 거듭 얘기해줍니다. 아이는 파란 컵을 들었을 때 엄마의 반응이 떠오르면서 부쩍 파란 컵을 찾게 될 텐데, 언어적 상호작용이 가능해지면 "파란 컵으로 마시고 싶어? 엄마도 파란 컵! 아기 컵이랑 엄마 컵이랑 똑같아요!"라고 좀 더 길게 표현합니다.

그러고 보니 제 딸아이가 돌일 무렵에 〈무엇이 무엇이 똑같을까?〉 노래를 참 많이 불렀습니다. 그때그때 노랫말을 "○○랑 ○○랑 똑같아요"로 바꾸면서요. 다섯 살 즈음에 모래 놀이를 하고 있는 아이에게 "어떻게 엄마랑 이렇게 똑같이 생긴 아이가 앉아 있지?" 했더니 아이가 씨익 웃으면서 "도대체 누가 오연경이지?" 하는 겁니다. 제가 "진짜, 누가 오연경일까? 너무 똑같아서 알 수가 없네"라고 맞받아쳤더니 이번에는 아이가 "눈도 똑같고, 코도 똑같고, 입도 똑같네" 하더군요. 그동안 닮은 점을 찾는 놀이를 하면서 대화했던 시간들이 아이에게 고스란히 기억으로 남아 있었나 봅니다.

아이는 자신이 엄마의 배 속에서 나왔다는 이야기를 들을 때, 그리고 자기와 부모의 어디어디가 닮았는지에 대해 얘기할 때 특히 안정감을 느낍니다. 부모와 아이가 분리된 존재가 아니라 하나라는 점을 강조하는 것이니까요. 분리불안은 부모와 내가 분리되어 있다는 사실을 인식할 때 나타나는 모습입니다. 분리됐다는 것은 곧 내가 안전하지 않다는 것으로 받아들여지죠. 물론 아이는 독립된 인격체로서 살아나가야 합니다. 하지만 부모와 아이 사이를 잇는 끈은 절대로 끊어지지 않는다는 사실, 아이가 멀리 나아가더라도 언제나 연결되어 있다는 사실을 아이의 눈높이에서 자주 표현해줘야 합니다.

때로는 엄마와 닮고 싶은 마음을 경쟁적으로 표현하는 아이도 있습니다. 이는 사랑을 서툴게 표현하는 거예요. 제 딸아이도 부쩍 "엄마랑 머리 모양을 똑같이 해주세요", "내가 육아 메이트예요"라고 말하면서 저와 경쟁하는 모습을 보입니다. 엄마와 똑같아지고 싶지만 제 마음대로 안 되니 속상한 마음이 질투처럼 표현되는 것이죠. 이때 '너는 왜 엄마를 이기려고 드니?'라고 생각하기보다 '엄마를 너무 사랑해서 엄마랑 닮고 싶구나'라고 생각해보세요. 그러고 나서 "엄마랑 똑같은 머리가 하고 싶어? 엄마도 우리 딸이랑 똑같이 머리하고 싶은데…… 우리 둘이 같은 색깔 핀을 사서 같이 꽂아볼까?"라고 엄마도 너와 함께하면서 닮고 싶다는 표현을 해줍니다.

'"도대체 누구를 닮아서 그러니? 아빠 닮았니?", "네가 나를 닮아서 소심한 거야"라고 부정적인 공통점은 강조하지 마세요. '아빠를 닮았는데 어쩌라고?', '엄마도 극복하지 못한 것을 내가 어떻게 이겨내?'라고 아이는 불만과 상실감만 느낄 뿐입니다. "엄마랑 아빠 모두 서울대에 갔으니까 우리는 동문이 되도록 하자!"라고 아이의 입장에서 부담스러운 목표를 제시하는 것도 지양해야 합니다. 공통된 목표를 이루지 못했을 때 아이는 분리를 느끼며 좌절하기 때문입니다. 그냥 "아빠 목소리랑 똑 닮았네. 엄마랑 좋아하는 음식이 같네. 엄마도 아빠도 좋아하는 색깔이잖아?" 하고 아이가 이미 가지고 있는 그대로의 모습에서 부모와의 공통점을 찾아보세요.

아이와의 공통점을 수없이 찾을 수 있는 팁

Step 1 부모와 아이의 공통점을 찾아서 적어보세요.

① 외모 : 눈썹, 하얀 얼굴, 입술에 난 점, 짧은 팔, 참외 배꼽 등
② 성격 : 잘 웃음, 낯가림, 천천히 움직임, 왕성한 호기심 등
③ 좋아하는 것(색깔, 놀이, 장난감, 노래, 음식 등) : 파랑, 자전거, 고기, 축구, 팝콘 등

Step 2 Step 1에서 발견한 공통점을 아이에게 구체적으로 표현해요.

❀ 아빠랑 눈썹이 또옥~같네! 산처럼 뽀족하네.
❀ 엄마도 입술에 점이 있는데 우리 딸도 입술에 점이 있잖아? 쌍둥이인가?
❀ 어? 이거! 엄마가 어릴 때도 가지고 놀던 장난감인데!
❀ 축구공 멋지다! 우리 아들은 축구를 좋아해? 아빠 아들이 맞네!

아이와의 공통점을 찾기가 어렵다면, 나무를 그린 아이에게 "어? 엄마도 나무 그림을 그리려고 했는데 아들도 그렸네?" 합니다. 두

사람 다 청바지를 입었다면 "어머! 우리 둘 다 청바지이? 커플 바지이?" 하고, 아이스크림을 먹는다면 "우와, 이거 아빠가 좋아하는 아이스크림인데! (하이파이브)" 하면서 지금 나와 아이의 모습에서 힌트를 찾으세요.

- ❀ (재차 확인하며 믿을 수 없다는 듯) 진짜야? 설마…… 진짜? 우리 둘이 그렇게 똑같다고?
- ❀ (아이의 감정을 공감해주며) 엄마도 모르는 사람이 많아서 두근거려. 조금 지나면 괜찮아질 거야.
- ❀ (같은 생각을 동시에 한 듯) 어, 아빠도 그렇게 생각했는데! 아빠 생각이 보여?
- ❀ (똑같은 것을 번갈아 가리키며 말이 필요 없다는 듯) ……하이파이브
- ❀ (아이와의 공통점이 많아서 행복한 듯) 엄마가 좋아하는 딸기를 우리 딸도 좋아하니까 더 자주 먹을 수 있고, 좋다!

Step 3 Step 1·2에서 아이와 공유한 공통점과 관련하여 어떤 활동을 할지 계획하고 실천해요.

- ❀ 엄마랑 아이랑 닮은 점 100개 찾기
- ❀ 낯선 사람과 대화했을 때 서로에게 말해주기
- ❀ 맛있는 떡볶이 가게를 발견하면 알려주기
- ❀ 팝콘 먹으면서 축구 관람하기

행복 리플레이 프로젝트

즐거운 기억이라면 얘기하고 또 얘기해도 괜찮아

즐거운 추억은 시간이 흐른 뒤에도 우리를 그 시절의 행복한 순간으로 데려다줍니다. 여러분은 오늘 아이와 어떤 하루를 보내셨나요? 지금 이 순간도 언젠가 아이의 기억 속에 자리하게 될 텐데, 20년 뒤 아이는 오늘을 어떻게 추억할까요?

부모라면 누구나 내 아이에게 긍정적인 기억, 행복한 추억을 만들어주고 싶을 것입니다. 그러나 애석하게도 육아의 현실이 즐겁지만은 않죠. 마음과 달리 웃음은커녕 분노와 한숨, 우울과 피곤함으로 하루를 보낼 때도 많습니다. 하지만 척박한 육아 현장에서도 아이의 유년 기억을 즐거움으로 채워줄 방법이 있습니다. 바로 '행복 리플레이' 상호작용을 하는 것입니다.

행복 리플레이란 아이와 함께하며 즐거웠던 상황을 반복적으로 얘기함으로써 아이에게 긍정적인 감정을 불러일으키는 상호작용입니다. 동창 모임에 가면 20년 전 그날의 이야기를 만날 때마다 반복해도 매번 즐거운 것과 같죠. 친구와 함께 비를 맞으며 집까지 걸어간 일, 교복이 찢어져서 놀림을 받았던 일 등 지금 생각해보면 별일 아닌 일도 예전의 나로 돌아가 추억하면 재미있고 웃음이 납니다.

과연 학창 시절의 모든 순간이 즐겁기만 했을까요? 아니겠죠. 오해로 상처받았던 일, 선생님에게 혼나고 속상했던 일, 친구와 소리 높여 싸웠던 일도 있었을 것입니다. 그런데도 지난날을 추억하며 웃을 수 있다는 것은 좋은 기억이 더 많다는 뜻입니다. 나쁜 경험을 했더라도 그것은 배제하고, 자신에게 좋았던 순간만 선택적으로 기억하며 즐거운 감정을 느끼는 것이죠.

육아도 마찬가지입니다. 어떻게 아이와 함께하는 매 순간이 유쾌하기만 할까요? 부모도 사람인지라 아이가 부를 때 기분 좋게 응할 때도 있지만 귀찮게 느껴질 때도 있고, 아이의 울음에 침착하게 대처할 때도 있지만 정신 나간 사람처럼 소리를 지를 때도 있습니다. 누구나 부모는 처음이고 누구도 완벽할 수 없기에 즐겁고, 행복하고, 웃음 넘치는 기억만 심어줄 수는 없어요. 오히려 완벽하기 위해 노력할수록 부모는 더욱 지치고 힘들어지며, 결국 아이에게도 그 감정이 고스란히 전달됩니다. 앞으로는 완벽할 수 없는 나의 모습을 인정하고, 아이에게 보여준 부정적 모습에 집중하기보다 아이와 함께 웃으면서 행복했던 순간을 집중적으로 리플레이해보세요. 그러면 아이는 그 순간으로 동화됩니다.

* 우리, 지난여름에 바닷가에서 모래성을 만들었잖아. 기억나? 성문을 내서 그 문 사이로 엄마랑 너랑 손을 맞잡고 '간질간질' 그랬지? 이렇게! 간질간질간질~
* 작년 크리스마스에 산타 할아버지한테 어떤 선물을 받았더라? 맞다! 변신 로봇! 그날 아침에 상자가 커다래서 엄청 놀랐잖아. 이번에는 어떤 선물이 오려나?

긍정적으로 감정을 전환하는 과정은 부모와 자녀의 관계를 친밀하게 만들어주는 것은 물론, 아이의 성숙한 방어기제로도 사용될 수 있습니다. 방어기제란 불안으로부터 자신을 보호하기 위한 정서적 전략입니다. 방어기제가 성숙하면 부정적인 감정을 느낄 때 격렬한 운동을 하면서 풀거나(승화), 미래에 예상되는 갈등에 대비해 미리 준비하거나(예측), 불쾌한 일을 유머러스하게 표현하는(유머) 등 바람직한 형식으로 자기 정서를 표현합니다.

이와 반대로 방어기제가 미성숙하면 문제 사실을 아예 인정하지 않거나(부정), 불안함을 느낄 때 이전 발달단계로 돌아가려 하거나(퇴행), 문제 원인을 타인의 탓으로 돌립니다(투사).

아이가 "아니야! 내 거야! 돌려줘!" 하면서 친구의 장난감을 자기 것이라고 우기거나(부정), 동생이 태어나면 관심을 끌기 위해 아기처럼 행동하거나(퇴행), "엄마 때문에 다 망쳤어!" 하고 엄마 탓을 하는

(투사) 것은 모두 불안해져서 미성숙한 방어기제를 사용하기 때문입니다. 아이가 이런 모습을 보일 때 "그래, 이 장난감은 네 거야"라고 아이의 잘못된 행동을 묵인하거나 "다 큰 아이가 왜 젖병을 찾아?"나 "뭐가 엄마 때문이라는 거야?"라고 아이의 불안을 자극해서는 안 됩니다.

"이 장난감은 친구 것이야", "젖병으로는 많이 먹을 수 없어", "블록이 무너져서 속상하구나" 하고 아이를 현재 상황에 직면시킨 뒤 '다른 장난감이 얼마나 재미있는지', '컵으로 마셨더니 어떤 좋은 일이 생겼는지', '다시 쌓은 블록이 얼마나 멋진지' 확인시킴으로써 미성숙한 방어기제를 사용하지 않고도 안정감을 찾도록 도와줘야 합니다. 이 과정에서 아이가 많이 웃고 즐거운 경험을 한다면 이는 곧 긍정 훈육이며, 행복 리플레이의 소재가 됩니다.

- ✿ 우리 아들이 친구 장난감 때문에 울었을 때 엄마랑 종이컵으로 놀아보니 어땠어? 그렇지? 종이컵이 높아졌다가 와르르르르르, 또 쌓아서 와르르르로로로로롱, 너무 재미있었지?
- ✿ 젖병으로 먹으면 쪼끔쪼끔…… 아우, 입만 아파! 그런데 컵으로 먹으면? 벌컥벌컥, 순식간에 없어졌지? 엄마가 얼마나 깜짝 놀랐는데. 뭐야! 벌써 없어진 거야? 그랬잖아.

육아 과정이 순탄하지 않듯 육아의 중심에 있는 아이도 감정의 격동을 느낍니다. 아이도 때로는 우울해지고, 종종 슬픈 감정을 느낄 수 있죠. 이런 모습은 아이의 자연스러운 성장 과정입니다. 하지만 말 그대로 지나가는 과정일 뿐 정체돼서는 안 됩니다. 부모가 종종 화를 내더라도 아이를 대하는 마음이 사랑에 기반하듯, 아이가 가진 기본적 정서 또한 기쁘고 편안한 상태여야 하죠. 이를 위해서는 아이가 긍정적인 감정을 부정적인 감정보다 훨씬 더 많이 경험해야 합니다.

4장에서 소개하는 내용은 모두 즐거운 표현과 상상으로 아이의 웃음을 불러일으키는 상호작용법입니다. 그중에서도 행복 리플레이는 행복했던 순간을 의식적으로 떠올리게 함으로써 기분 좋은 상태를 유지하도록 도와줍니다. 아이가 짜증, 불안, 무기력감 대신 기쁨, 즐거움, 행복, 만족을 자기감정의 기본값으로 설정하도록 기분 좋은 추억을 자꾸 얘기해주세요. 소소한 추억거리도 괜찮습니다. 부모에게는 소소한 추억이 아이에게는 어린 시절 중 가장 기억에 남는 소중한 추억이 될지도 모릅니다.

아이와의 소소한 추억도 특별하게 만들어주는 팁

Step 1 아이와 함께한 하루 중 기억에 남는 일, 아이가 사랑스럽게 느껴진 순간, 아이가 크게 웃었던 상황 등을 적어보세요. 기억을 믿지 마세요! 머릿속에 남아 있어도 세세한 찰나는 잊힙니다. 행복한 순간은 기록으로 남기는 습관을 들이는 것이 좋습니다. 사진이나 동영상이 있으면 아이의 감정을 불러일으키기가 더욱 좋습니다.

Step 2 Step 1에서 행복하게 떠올린 순간을 구체적인 말로 생생하게 표현해요.

✿ 아이가 처음 변기에 앉아 응가한 순간…우리 아들이 세 살 때 갑자기 팬티를 내리고! 변기에 앉는 거야! 아빠가 깜짝 놀라서 봤더니 주먹만 한 응가가 물속에 퐁당 떨어져 있더라고! 그래서 아빠가 이렇게 아들을 점프! 점프! 점프! 세 번이나 해줬잖아.

✿ 놀이공원에서 처음으로 바이킹을 탄 날…우리가 바이킹을 처음 탔을 때 말이야. "키 작은 어린이는 안 돼요"라고 할 줄 알았는데 놀이공원 언니가 "120센티미터 넘어서 됩니다"라고 해서 "예~!" 소리를 지르면서 올라갔지? 엄마는 중간에 무섭다고 네가 내려달라고 할 줄 알았는데 "느낌이 이상해!" 하면서도 두 번이나 타고. 어떻게 그럴 수가 있대?

✿ 아이가 처음 그려준 엄마 얼굴 그림…이 그림! 엄마 생일날에 준 거잖아. "엄마, 생일 축하해요" 하면서 네가 선물로 주는데 엄마는 정말 감동받았어. 특히 이 분홍 리본이랑 하트가 많아서 마음에 들어. 그날 딸기 케이크도 우리 같이 먹었지?

Step 3 행복했던 순간을 다양한 방법으로 리플레이해요.

❋ (사진을 보면서) 바이킹이 이렇게 큰데 자그마한 네가 어떻게 탔을까? 진짜 크다!
❋ (그림으로 그리면서) 이것 좀 봐. 아기 때 네가 쓰던 변기에는 이렇게 공룡 그림이 있었는데! 여기에 이렇게 똥이 '퐁당' 있었던 거야. 여기여기 이렇게!
❋ (옛날이야기를 들려주듯) 바이킹이 저기에서 오르락내리락하는데 우리 딸이 "엄마, 나도 타고 싶어" 그러는 거야. 그래서 엄마가 "그럼 키를 한번 재보자" 했더니 글쎄, 언니가 "120센티미터 넘어서 탈 수 있습니다" 그러는 거야.
❋ (퀴즈를 내듯) "네가 엄마 얼굴 그림을 선물로 준 게 몇 살 때일까?" "오, 맞았어! 다섯 살이지~" "그럼 그날 우리가 먹은 케이크는 초코 케이크? 아니지, 딸기 케이크."

아무리 사소한 추억도 부모가 어떻게 얘기하느냐에 따라 아주 특별해집니다.

❋ (마치 지금이 그 순간인 듯 감정을 표현하며) 우리 아들의 기저귀 찬 엉덩이가 정말 귀여웠는데…… 어디 보자! 어머, 지금도 세 살 엉덩이네! 다섯 살 아들 엉덩이도 똑같이 귀엽네.
❋ (그때의 추억이 매우 그리운 듯) 또 바다에 가서 모래성을 쌓고 싶다. 이번에는 더 잘 만들 수 있는데…….
❋ (대단한 점이 기억난 듯) 세 번째 종이컵이 무너지고! 네 번째에 완

성했어! 확실해!

✿ (서로의 희미한 기억을 맞춰가며) "아빠 회사 앞에서 뭐 먹었더라?" "맞다, 팥빙수 먹었지?" "그때 뭐 했더라?" "그래! 아빠랑 자전거를 탔지! 기억난다!"

✿ (오래 기억하고 싶은 마음을 표현하며) 엄마는 우리 딸이 선물해준 이 카드를 백 살이 되어도 기억할 거야. 사진으로도 찍어놓고, 일기장에도 적어둬야지!

아이의 마음을 움직이는 표현의 기술

지금 당장 아이에게 "왜 이렇게 귀여워?" 하고 말해보세요. 아이가 어떻게 반응하나요? 부모의 말 한마디에 바로 미소를 지으며 화답해주는 아이도 있을 테고, '갑자기 왜 저래……' 하는 표정으로 멀뚱히 바라보기만 하는 아이도 있을 것입니다. 이처럼 같은 표현을 하더라도 아이들의 반응이 각기 다른 이유는 아이마다 기질적인 특성이 다르고, 그동안 부모가 사랑을 표현해온 방식에도 차이가 있기 때문입니다.

아이들에 대한 공부를 하기 훨씬 이전에도 돌쟁이 아기부터 초등학생까지 유독 아이들이 저를 잘 따랐습니다. 정확히는 저하고 놀이하는 것을 재미있어하고, 많이 웃는다고 해야 할까요? 개인적으로 사람들을 박장대소하게 웃길 만큼 유머러스한 사람이 아닌데 왜인지 제 유머가 아이들에게는 잘 통했죠. 그 후로 저는 아이들의 마음을 움직이는 긍정적 상호작용에 관심을 가지고 꾸준히 연구해왔습니다. 분명히 대다수 아이의 마음을 공통적으로 움직일 수 있는 기술이 있습니다.

부모의 사랑을 표현할 최적의 타이밍

아이가 원하는 사랑의 양에는 끝이 없습니다. 2시간 동안 열심히 놀아줬다고 "이제 혼자 놀아"라고 말하는 엄마를 이해해주지 않죠. 지쳐서 잠시 숨을 돌리는 그 순간에도 "엄마 화났어?"라고 의심 프로세스를 작동하니까요. 그렇다고 하루 종일 "귀여워!"를 외치고 언제나 즐거운 고음으로 "오? 진짜? 이야~"라고 맞장구쳐줄 수도 없는 노릇입니다.

영혼까지 끌어모아 아이에 대한 사랑을 뿜어낸 이후 잠깐 지쳐 있는 순간 때문에 공든 탑을 무너뜨릴 수 없다면 애정 표현 효과를 높여주는 타이밍을 기억하세요. 다음 세 가지 기준에 해당할 때는 잊지 않고, 조금 더 강렬하게 사랑을 표현해주는 것입니다.

아이가 다가올 때

언제라도 아이가 다가온다면 "아우, 귀여워. 왜 이래~ 뭐야~", "이렇게 좋은 냄새 나는 아이가 어디에 있다가 이제 왔대?" 하고 반응해주세요. 동생을 재우거나 중요한 볼일을 보고 있는 등 현실적으로 아이와 상호작용할 수 없는 상황이더라도 이렇게 반응은 해주는 것이 좋습니다. 그래야 동생을 끝까지 재우고 볼일도 끝낼 수 있기 때문이죠. 소리를 내어 말하거나 스킨십이 힘들다면 아이가 사랑스러워죽겠다는 표정을 짓거나 아이가 다가오려는 순간에 먼저 손을 크게 흔들며 반가운 듯 인사합니다.

헤어졌다가 다시 만날 때

부모가 퇴근한 후 만났을 때, 아이가 학교에서 돌아왔을 때처럼 일정 시간 헤어졌다가 다시 만날 때는 어느 때보다 강렬한 표현이 필요합니다. 다만 그 기준은 아이의 입장에서 굉장히 보수적으로 생각한 것이어야 해요. 그래서 엄마가 설거지를 마치고 왔을 때, 아빠가 목욕하고 나왔을 때, 학습지 선생님의 수업이 끝난 뒤, 동생 수유를 마친 후 등도 여기에 포함됩니다.

짧은 시간일지라도 물리적인 거리가 멀어지거나 공간이 분리됐다면 다시 만날 때 애정 표현을 해주는 거예요. 아이는 잠시 분리된 순간에도 '엄마는 뭐 하지?', '동생이 아직도 안 자나?' 하면서 오매불망 부모를 기다리기 때문입니다.

물론 아이가 언제나 부모만 생각하고 있는 것은 아닙니다. 놀이에 빠져 있기도 하죠. 그렇다고 아이를 마냥 내버려두면 안 됩니다. 생각해보세요. 일에 몰두해서 시간 가는 줄 모르다가 깜짝 놀라 전화기를 확인했을 때 연인의 부재 중 전화가 한 통도 없다면 어떨까요? 아이가 놀이에 몰입하고 있다면 약간의 거리를 두고 지켜보다가 아이가 다가오면 첫 번째 기준과 같이 적극적으로 반응합니다. 아이가 혼자 있는 시간이 너무 길어진다면 부모가 먼저 다가가서 아이의 머리를 살짝 쓰다듬거나 눈을 마주치면서 관심을 표현하는 것도 좋습니다.

아이가 심심해할 때

아이가 심심하게 뒹굴거나 지루해할 때를 공략하세요. 이때 감탄하기, 기대감 높이기, 공통점 찾기 등으로 사랑을 표현한다면 아이는 반갑게 맞아줄 것입니다. 무료한 하루를 보내던 중 사랑하는 사람의 전화를 받을 때처럼 말이죠. 반대로 당장 처리해야 할 일이 많을 때는 아무리 사랑하는 사람의 전화라 해도 집중하기 어렵습니다. 어쩌면 귀찮게 여겨질 수도 있죠.

많은 부모가 사랑을 표현할 타이밍을 놓칩니다. 아이가 다가올 때 반갑게 반응해줘야 하는데 설거지를 한다고 "잠깐만!" 같은 거부적 표현으로 첫 번째 타이밍을 놓칩니다. 하원 후에는 일방적으로 아이에게 궁금한 일을 물어보느라, 밥 먹이고 씻기느라 두 번째 타이밍도 놓칩니다. 심심하다고 투덜대는 아이에게 다가가면 놀아달라고 할 것 같아 피하면서 세 번째 타이밍까지 놓쳐버리죠.

저도 교육 현장에서 처음에는 여러 아이를 동시에 집중시키기 위해 "잠깐만 기다려줘", "한 명씩 안아줄게", "이렇게 한꺼번에 나오면 안아줄 수 없어요" 등 많은 방법을 써봤지만 잘 통하지 않았고, 즐겁게 뛰어오던 아이들의 얼굴이 김빠진 표정으로 바뀔 뿐이었습니다.

하지만 '다가올 때, 다시 만날 때, 심심해할 때' 이 세 타이밍에 맞추어 반응해주자 훨씬 수월해졌죠. 예를 들어 한 아이가 다가와 안겨 있는데 뒤이어 다른 아이들이 다가오면 저한테 안긴 아이는 이미 스킨십을 하고 있으니 그대로 두고, 뒤따라오는 아이들을 '아구구구~~ 으음~~' 하는 눈빛으로 쳐다봅니다. 제 마음속 진심은 '얘들아, 잠깐만! 제발 한 명씩 와줄래?'일지언정 교실 구석에 앉아서 이 모습을 지켜보는 아이에게도 손을 흔들며 어서 오라고 손짓했죠. 이렇게 아이들이 다가올 때 눈도장을 찍는 방식으로만 반응해줘도 곧이어 "그런데 얘들아, 할 말이 있어. 그대로 멈춰라!"라고 말하면 정말로 멈춰서 저한테 집중하는 비율이 훨씬 높았습니다.

물론 가정에서는 이와 다를 수 있습니다. 아이는 선생님이 아닌 부모를 원하는 것이니까요. 그래도 아이가 다가올 때 통제하는 것이 아니라 긍정적으로 반응해줘야 한다는 사실은 변함없습니다. 애정 표현을 해야 할 타이밍은 부모의 상황에 따라 여유로울 때나 아이가 귀여워 보일 때가 아닙니다. 힘들더라도 아이가 원할 때, 아이의 입장에서 부모를 필요로 할 때라는 점을 기억해주세요.

☺
아이가 먼저 다가오는 모든 순간
오래 헤어졌다가 다시 만날 때
아이가 심심하게 굴러다닐 때

아이가 놀이에 몰입할 때
아이가 짜증을 낼 때

목소리 산 타기로 재미있게

수업을 들을 때 강사의 목소리가 한 톤으로 단조로우면 어떤가요? 어디에 집중해야 할지 모를 뿐만 아니라 졸립습니다. 훈계를 해도, 농담을 해도 구분이 가지 않죠. 부모도 아이와 훈육 대화를 하느냐, 놀이 대화를 하느냐에 따라 목소리가 달라야 합니다. 아이가 울 때나 놀이를 할 때나 같은 목소리로 얘기한다면 훈육 가치도, 놀이의 즐거움도 명확하게 전달되지 않기 때문입니다.

흔히 아이들은 높은 '솔' 음의 여자 목소리를 좋아한다고 알려져 있는데, 참고로 저는 '허스키 보이스'로 '솔' 음이 나지 않습니다. 그런데도 아이들은 저를 잘 따르고 좋아했어요. 제 비결은 바로 목소리의 높낮이와 강약에 있습니다. 앞으로는 아이에게 반응할 때 저처럼 '목소리 산 타기'를 해보세요. "우아, 쏙, 진짜? 예!" 네 가지 감탄사를 산에 오르내리듯 표현하는 것입니다.

우아

'우아'는 산꼭대기에 올라갔다가 내려오는 느낌으로 표현합니다.

아이가 "엄마, 이것 좀 보세요"라고 한다면 눈으로 바라보면서 "우↗아~~~~↘"라고 목소리로 기대감을 표현해주는 거예요.

쏙

'쏙'은 산 아래에서 꼭대기까지 한 번에 오르는 듯 표현합니다. 방금 등산을 시작했는데 눈 깜짝할 사이에 '뭐야? 벌써 올라왔네?' 하는 느낌으로 "쏘→옥?↗" 하고요. 아이와 정리를 할 경우에는 "그건 여기에 넣어보자"라고 제안하고 아이가 물건을 제대로 넣으면, "쏘→옥?↗ 어머! 벌써 넣었잖아?"라고 한 다음에 다시 "쏘→옥!↗"을 반복해주는데 이때는 '옥'을 더 높게 강조하며 눈을 마주칩니다. '쏘옥'은 "우리 딸 팔이 쭈욱!", "선을 그어볼까? 찌익!", "엄마 무릎에 털썩!", "엄마한테 주세요. 그렇지!"의 경우처럼 '쭈욱, 찌익, 털썩, 그렇지!' 등으로 얼마든지 바꾸어 표현할 수 있어요.

진짜?

'진짜?'는 암벽을 등반할 때 피켈을 내리꽂듯 표현합니다. '진'에서는 피켈을 내리꽂기 위해 준비하는 것처럼 약하게, '짜'에서는 드디어 피켈을 진짜로 확 내리꽂듯이 강하게 표현하는 거예요. 아이가 "엄마, 이거 내가 했어요"라고 말한다면 "진__짜?!!!" 하면서 강렬하게 반응해줍니다.

예!

'예!'는 산꼭대기에서 메아리가 울려 퍼지듯 길게 "예~~~~~" 하면서 소리를 끌어주는 것입니다. 아이가 기뻐할 때 부모도 함께 손뼉을 마주치거나 손을 맞잡고 방방 뛰면서 "예~~~~~" 하고 즐거운 비명을 질러주세요.

'우⤴아~~~~⤵, 쏘→옥?⤴, 진__짜?!!!, 예~~~~~'는 아이와의 모든 놀이에 적용할 수 있습니다.

엄마가 설거지하는데 아이가 다가와서 말을 걸면 "우⤴아~~~~⤵ 진__짜?!!!" 해주고 "예~~~~~" 합니다. 아이가 스티커를 붙이고 있다면 "쏘→옥?⤴ 쭈→욱?⤴ 예~~~~~" 하고요. 또 아이가 밥을 한 숟가락 먹고 다 삼켰다면 "꿀→꺽?⤴ 진__짜?!!! 예~~~~~" 하는 거죠.

여기에 "우⤴아~~~~⤵ 진__짜?!!! 엄마도 같이 만들어보고 싶다", "쏘→옥?⤴ 쭈→욱?⤴ 예~~~~~ 파란색 스티커가 여기에 있네", "벌써 밥이 없어진 거야? 진__짜?!!! 우리 많이 놀 수 있겠다, 예~~~~~" 처럼 부모가 하고 싶은 말을 덧붙이면 더욱 좋습니다.

'엄마도 같이 만들어보고 싶다, 파란색 스티커가 여기에 있네, 벌써 밥이 없어진 거야?, 우리 많이 놀 수 있겠다'같이 평범한 말에서 '우⤴아~~~~⤵, 쏘→옥?⤴, 진__짜?!!! 예~~~~~'가 어떻게 가미되는가에 따라 아이가 부모의 반응을 받아들이는 효과는 천지 차이로 갈립니다.

아이와 대화하거나 놀이할 때 부모가 이렇게 목소리로 표현해준다면 아이는 '내가 밥을 삼키니까 엄마가 좋아하네', '정리하니까 재미있는 일이 생기네' 하고 긍정적인 행동을 강화해나갑니다. 또한 '엄마는 나와 함께하는 것을 좋아해'라고 생각하게 되기 때문에 불안한 마음을 내려놓고 자기 놀이에 더욱 집중할 수 있습니다.

이처럼 목소리의 높낮이와 강약을 잘 이용하면 아이의 행동도 효과적으로 통제할 수 있습니다. 24개월 이전의 영아라면 긍정적으로 "우↗아~~~~↘ 예~~~~~"라고 반응해준 후 "여기에 앉자"라고 지시하고, "진__쫘?!!! 그렇구나"라고 다시 반응해준 후 "이쪽으로 오세요"라고 한 번 더 말하는 것이죠. 24개월 이후의 아이에게는 연령이 높아질수록 여기에 조금씩 설명을 추가합니다. "우↗아~~~~↘ 예~~~~~ 어떻게 만든 거야?" 하고 물은 다음에 아이의 이야기를 듣고 "진__쫘?!!! 우↗아~~~~↘ 여기에 앉아서 보여줄래?" 하는 것입니다.

하지만 모든 상황에서 대화의 톤이 이렇게 오르내려서는 안 됩니다. 앞에서 말씀드렸듯 훈육할 때와 놀이할 때 부모의 목소리는 달라야 해요. 특히 아이가 짜증을 내거나 공격적인 모습을 보인다면 '목소리 산 타기'를 멈춰야 합니다. 울고 떼쓰는 아이를 전환시키고자 "우↗아~~~~↘ 엄마도 같이 만들어보고 싶다! 쏘→옥?↗ 쭈→욱?↗ 예~~~~~ 파란색 스티커가 여기에 있네" 하면 안 된다는 거예요.

예외적으로 12개월 전후의 아기가 떼쓸 때는 '목소리 산 타기'를 허용합니다. 이 시기의 훈육은 관심의 방향을 바꾸면서 아기가 바람직한 선택을 하도록 이끌어야 하기 때문입니다. 하지만 이때도 아기가 반복적으로 같은 행동을 하면서 의도적으로 부모의 반응을 살피는 경우라면 짧게라도 의성어·의태어로 먼저 "지지!", "아야 해!"라고 단호하게 표현한 다음에 "이거 봐라! 쏘→옥?↗ 어머머머머 쭈→욱?↗" 하면서 아이의 관심을 돌려주세요.

> 🙂
> 함께 놀이하면서 부모의 반응을 원할 때
> 아이가 뿌듯해하며 칭찬받고자 할 때
> 아이가 바람직한 행동을 했을 때
>
> ☹️
> 아이가 울면서 떼쓸 때
> 삐쳐 있는 아이를 달랠 때

다양한 표정으로 상투적이지 않게

부모의 표정도 애정 표현 효과를 증폭하는 데 큰 역할을 합니다. 웃으며 대화를 나누는 것은 기본이에요. 하지만 매번 웃는 것만으로는 아이를 집중시키지 못합니다. 친절하게 느껴지기는 해도 흥미롭게 느껴지지는 않죠. 작은 애정 표현까지 아이의 뇌리에 강렬하게 남기고 싶다면 앞으로는 아이와 시간을 보낼 때 표정 연기자가 되어보세요.

먼저 거울을 보면서 여러 감정을 다양한 표정으로 표현해볼까요?

궁금해요, 걱정스러워요, 기뻐요, 슬퍼요, 화나요, 즐거워요……. 표정만 짓기가 어색하다면 이런 말도 입 밖으로 내어봅니다. "오? 이게 뭐지? 궁금하다", "어우, 정말 걱정스러워", "우아, 예이! 기쁘다, 기뻐", "흑흑흑흑, 슬퍼", "에잇! 화나!", "아하하하하하, 즐거워" 하고요.

그리고 나서 아이와 상호작용할 때 여러 표정을 다채롭게 사용해보세요. 아이가 블록을 완성해서 보여줄 때 기쁜 표정으로 "우아, 우리 아들이 만든 공룡이 참 멋지네. 살아 움직이는 것 같아!"라고 말할 수도 있지만, 궁금한 표정으로 "오? 누가 만든 거지? 이건 다섯 살이 만들 수 있는 공룡이 아닌데?"라고 말할 수도 있습니다.

아이를 안아줄 때도 사랑스러워하는 표정으로 "너무 예뻐. 아우, 좋은 냄새!"라고 말할 수도 있지만, 걱정스러운 표정으로 "우리 딸이 학교에 가면 보고 싶어서 어쩌지? 우리 딸의 팔 냄새를 맡고 싶어서 어떻게 참지?"라고 말하거나, 장난스럽게 화내면서 "아니! 왜 이렇게 예쁜 거야? 누가 이렇게 좋은 냄새를 뿌려놓은 거야?"라고 말할 수도 있습니다.

똑같이 "귀여워"를 외치더라도 이렇게 다양한 표정으로 여러 감정을 담는 것과 매번 상투적인 표정으로 잔잔하게 말하는 것은 많이 달라요. 내 아이에게 사랑을 표현하기로 마음먹었다면 여러 버전으로 표현해보세요. 장담하건대 "엄마, 왜 이래?", "아빠, 시시해"라고 말할 아이는 없습니다. 오히려 "엄마, 재미있어", "아빠, 또 해줘!"라면서 더욱 즐거워할 거예요.

🙂
같은 의미라도 여러 감정을 담은 갖가지 표정으로 말하기

말없이 다양한 표정 짓기(표정 짓기만으로도 놀이가 됩니다)

☹️
아이가 울고 있는데 웃는 등 상황에 맞지 않는 표정

언제나 같은 표정, 표정 변화 없음

스킨십의 범위로 아이와 밀당하기

아이는 부모와의 스킨십을 통해 정서적인 안정감을 느끼고 애착을 형성해나갑니다. 따라서 아이와 대화하거나 놀이할 때 스킨십을 이용하면 부모의 사랑을 더욱 효과적으로 전할 수 있습니다.

아이에게 어떤 스킨십을 주로 하나요? 안아주고 뽀뽀하기를 가장 많이 하겠죠. 이 두 가지 외에 떠오르는 스킨십이 없다면 이제는 스킨십의 종류를 늘려야 합니다.

스킨십이란 신체를 접촉하는 모든 행위를 의미합니다. 포옹과 뽀뽀, 마사지, 업어주기도 스킨십이고 하이파이브, 높이 들어주기도 스킨십이죠. 놀이처럼 스킨십을 할 수도 있습니다. 아이의 볼에만 하던 뽀뽀를 머리부터 발끝까지 빠르게 하고, 포옹도 아이와 마주 안았다가 돌려서 아이의 등 뒤에서 안고, 다시 돌려서 마주 안으며 재미를 줍니다. 부모가 안아주고 뽀뽀만 해줘도 아이는 행복해하지

만, 이렇게 스킨십에 놀이를 더하면 행복한 미소가 깔깔거리는 웃음 소리로 바뀝니다.

사랑하는 사람과 연애할 때를 떠올려보세요. "오늘은 스킨십을 너무 안 했네. 헤어질 때 한 번 포옹해야겠다"라고 계획한 후에 스킨십을 하나요? 언제나 분위기를 한껏 잡은 상태에서만 손잡고 포옹하고 그러셨나요? 그렇지 않죠. 만나면 자연스럽게 손부터 잡고, 괜히 같은 주머니에 넣은 손가락을 꼼지락거리고, 빨간불이면 그냥 서서 기다리면 될 것을 서로 안고서 불편한 줄도 모릅니다.

누가 가르쳐준 것도 아닌데 자동으로 생성되던 그때 그 스킨십 아이디어들을 아이에게 그대로 적용해보세요. 아이를 만나면 눈을 맞추며 손부터 잡고, 엄마 주머니에 같이 넣은 아이의 손가락을 꼼지락 만지고, 신호등 앞에 서면 아이를 등 뒤에서 안은 후 흔들흔들 움직이는 거예요. 여기에 "초록불아, 켜지지 마! 우리 딸이랑 오래 안고 있게"라고 귓속말로 간질이기까지 한다면 더욱 좋겠죠?

그렇다고 스킨십 놀이를 특별하게 생각하지 마세요. 스킨십 놀이는 일상에서 자연스럽게 이루어져야 합니다. 가뭄에 콩 나듯 한 번씩이라면 그 한 번이 아무리 특별하다 해도 오작교에서 견우와 직녀가 일 년에 한 번만 겨우 만나듯 부족할 수밖에 없습니다. 오히려 아이의 애만 태울 뿐이죠.

앞으로는 아이와 대화할 때도 중간중간 "진짜?" 하면서 하이파이브를 하고, 밥 먹을 때도 "왜 이렇게 밥을 잘 삼켜?" 한 뒤에 검지를 마주 대며 "찌리리릿~ 텔레파시!" 해주세요. 목욕을 마치고 나서는 아이의 향기를 맡으며 "어우어우, 좋은 냄새. 살 냄새가 왜 이렇게 좋은 거야?" 하기도 합니다. 이런 스킨십은 즐거울수록 좋고, 일상에서 자주 표현되면 더 좋습니다.

하지만 부모는 다가가고 싶은데 스킨십을 거부하는 아이들이 종종 있습니다. 아빠의 스킨십을 거부하는 아이에게 간식이나 장난감으로 겨우 설득해서 뽀뽀 한 번 받으면 어떤가요? 다음번에는 더욱 강하게 거부합니다. 이런 아이는 현재 아빠와의 스킨십을 부정적으로 인식한 상태이므로 긍정적인 경험을 먼저 만들어줘야 합니다.

아이가 스킨십을 거부한다면 하이파이브나 손가락 마주 대기처럼 신체 접촉 부위가 좁은 스킨십부터 시도해보세요. 이때 스킨십보다 놀이가 중심이 되도록 하고, 더불어 '목소리 산 타기'로 즐거운 감정을 표현하면서 아이와의 상호작용을 보완합니다. 아이를 안고서 뽀뽀하고 싶은 마음은 숨긴 채 "우리 기차놀이를 할까?", "아빠가 기린을 만들어줄까?" 하면서 놀이로 접근하여 중간중간 하이파이브를 하고 손가락을 마주 대며 "우아~ 예!" 하고 신나는 감탄사를 연발하는 것이죠.

좁은 면적의 가벼운 스킨십에 익숙해지면 아이를 안아서 하늘 높이 점프시키거나, 아이를 업고서 노래 부르며 춤추기처럼 넓은 면적의 강한 스킨십으로 확장합니다. 이렇게 놀이를 통해 즐겁게 스킨십을 경험해야 이후에는 놀이 없이도 부모와의 스킨십을 편안하게 받아들일 수 있습니다.

🙂
일상 속에서 자연스럽게

놀이를 접목하여 즐겁게

쌍방향으로 소통하면서

☹️
특별한 순간에만 의식적으로

아이가 거부하는데도 일방적으로

눈맞춤은 즐거울 때 자연스럽게

　부모의 애정 표현이 풍부하고 아이와 놀이하는 시간까지 많아도 눈맞춤이 잘 안 되는 경우가 의외로 많습니다. 이런 경우는 부모와 아이가 서로를 바라보며 소통하지 않고, 도구를 중심으로 대화하거나 놀이할 때 주로 나타납니다.

　예를 들어 책을 읽는다면 부모의 무릎에 아이가 등을 대고 앉아 둘 다 책을 바라보며 얘기합니다. 블록을 쌓을 때는 블록을 바라보고, 잠들기 전에는 천장을 바라보거나 서로를 안더라도 허공을 바라보며 "우리 딸 사랑해"라고 얘기하는 것이죠.

　엄마 배 앞에 책을 펼치고 아이와 눈을 맞추며 읽어주거나, 아이를 무릎에 앉힌 채 책을 읽어주더라도 한 번씩 아이와 눈을 맞추며 대화를 나누는 것이 좋습니다. 블록 놀이를 할 때도 블록으로 만드는 사이사이에 하이파이브 같은 스킨십과 함께 눈맞춤을 넣어줘야 하죠. 물론 다른 일상생활에서 아이와의 눈맞춤이 많다면 굳이 그 방법을 바꿀 필요는 없습니다.

다만 지금까지 부모와 아이의 상호작용을 관찰하며 알게 된 사실은, 일상적으로 눈맞춤이 자연스러운 부모는 책을 읽어주거나 놀이를 하는 동안에도 아이와 자주 눈을 맞춘다는 것입니다. 이처럼 눈맞춤은 의식하지 않아도 언제 어디에서나 습관적으로 드러납니다.

아이가 직접적으로 부모의 눈을 보지 않아도 부모의 사랑과 놀이의 즐거움을 느낄 수 있지만, 눈을 맞추는 시간은 필요합니다. 장거리 연애를 하는 커플 역시 전화로도 사랑을 확인할 수 있지만 결국은 만나서 서로의 눈을 맞춰야 하고, 온라인 게임으로 한껏 친해졌더라도 진정한 친구라면 게임이라는 도구 없이 서로의 눈을 바라보면서 대화하는 즐거움을 느껴야 하는 것처럼 말입니다. 허공에 대고 "귀여워!"를 외치고, 아이의 뒤통수에다가 다급하게 "어머머머, 진짜?"라고 한다면 그 효과가 온전할 리 없습니다. 아이에게 사랑을 표현할 때는 언제나 아이의 눈을 바라보세요.

부모는 눈을 맞추고 싶은데 아이가 피한다면 연습이 필요합니다. 훈육할 때만 가끔 "엄마 눈을 봐!"라고 하면서 아이와 눈을 맞추는 경우가 있는데, 눈맞춤 연습은 훈육할 때가 아니라 즐거울 때 해야 합니다. 특히 아이가 부모에게 뭔가를 요구할 때, 다행히도 우리가 그 요구를 들어줄 수 있을 때 눈맞춤 연습을 하면 효과적입니다. 눈을 안 맞추던 아이도 "아이스크림 주세요"라고 할 때는 눈을 맞추거든요.

아이가 원하는 것이 있다면 부모의 눈높이로 들고서 하이파이브 같이 간단한 스킨십이나 짧은 대화를 시도해보세요. 예를 들어 아이가 간식을 달라고 한다면 간식을 부모의 얼굴 옆에 들고서 "파란색 두 개 먹을까?"라고 질문하는 거예요. 아이가 대답하면 적절하게 목소리 산을 타주면서 즐거운 표정으로 "여기! 우리 딸이 좋아하는 파란 젤리 두 개!" 하면서 눈을 맞추어 간식을 줍니다. 놀이 상황에도 적용할 수 있습니다. 아이가 블록을 가지고 놀다가 "아빠, 여기에 올리자"라고 말한다면 그 블록을 부모의 얼굴 옆에 들고서 "이거? 좋았어!" 한 다음에 "예!!!" 하면서 눈을 맞추고 하이파이브를 합니다.

부모의 눈을 바라보지 않으면 "이건 어때?" 하면서 아이가 좋아할 만한 다른 것으로 먼저 제안하고 그것을 부모의 얼굴 앞에 보여주면서 집중시킨 후 스킨십 놀이로 유도할 수 있습니다. 이것은 제가 부모코칭센터에서 만난 아이들과 짧은 시간 안에 마음을 열고 소통해야 할 때 주로 쓰는 방법입니다. 하지만 여러분은 조급하게 생각하지 마세요. 오히려 눈맞춤에 너무 집중하여 아이가 따라오지 않는데 굳이 여러 번 물으면서 부모의 눈을 쳐다보도록 하면 역효과가 납니다.

제가 얘기한 방법으로도 아이와 눈을 맞추기 어렵다면 그동안 눈맞춤 시간이 부족했음을 인지하고 아이가 눈을 맞추지 않더라도 지금까지 소개한 놀이들을 반복해주세요. 아이가 부모와 상호작용하는 데 즐거움을 느끼면 눈맞춤도 자연스럽게 이루어질 것입니다.

> 🙂
> 즐겁게, 기분 좋게, 자연스럽게
> 아이가 원하는 것을 들어줄 때
> 대화하거나 놀이하면서 수시로
>
> 🙁
> 눈맞춤을 지시하거나 요구하는 것
> 눈맞춤을 지나치게 아이의 발달이나 애착의 결정적 요소로 생각하는 것
> 훈육할 때만 눈맞춤을 강요하는 것

리듬, 모션, 템포로 화룡점정

아이들이 좋아하는 표현에는 공통점이 있습니다. 인기 있는 키즈 콘텐츠를 살펴보세요. 그 안에는 리듬, 모션, 템포라는 삼박자가 골고루 어우러져 있습니다. 크리에이터의 목소리나 음악에는 높낮이와 강약이 있고, 커다란 동작이 더해지며, 진행할 때도 빠르게, 느리게, 혹은 잠깐 정지했다가 다시 시작하는 등 그 속도를 바꿔가며 아이들을 집중시키죠.

아직 걷지도 못하는 돌 전의 아기가 음악이 나오자 앉은 채로 엉덩이를 들썩이는 모습, 여러분도 본 적 있죠? 얼굴을 잠시 감췄다가 "까꿍" 하면서 나타나거나, 신나게 몸을 움직이다가 "그대로 멈춰라!" 하면서 모든 동작과 소리를 멈춰도 대부분의 아이가 약속이나 한 듯

까르르 넘어갑니다. 이처럼 아이를 집중시키기 위해서는 부모의 표현에 강약을 살리고, 동작을 더하며, 속도도 변화시켜야 합니다.

아이가 다가올 때 "아유, 이쁜 딸~" 하고 부드러운 미소와 목소리로 맞아주는 것도 좋습니다. 그렇지만 "아유~ 이쁜 따알~ 우리 따알~" 하면서 리듬을 넣고, 두 손을 크게 펼치는 동작과 함께 "어? 이게 누구야?" 하면서 멈칫했다가 "어디 갔다 온 거야? 어디 있었어? 어디 어디어디어디어디디디디디디디디?" 하고 빠르게 표현해주면 부모의 애정이 더욱 강력하게 전해지겠죠.

그럼 효과적인 리듬, 모션, 템포에 대해 좀 더 자세히 얘기할게요. 리듬은 말소리의 길이와 강약을 조절하면서 표현합니다. "아우, 귀여워"에 적용하면 "대~한민국!" 하고 응원 구호를 외치듯 '아~'는 길고 강하게, '우 귀여워'는 짧고 약하게 "아~우 귀여워"라고 발음합니다. "언제부터 이렇게 귀여웠던 거야?"에도 적용해볼까요. 첫 글자 '언'과 '귀', 그리고 마지막 글자 '야'를 강조합니다. "어언~제부터 이렇게 귀이~여웠던 거야아~?" 이렇게 강조하고 싶은 음절을 강하고 길게 발음하는 것이죠. 정답은 없습니다. 그냥 음절 하나하나가 파도치고 있다는 생각으로 천천히 표현해보세요.

리듬을 넣어가며 말하기가 어렵다면 노래를 활용해도 좋습니다. 노래의 선율에는 이미 리듬이 들어 있기 때문에 가사만 바꿔 부르면 멋진 리듬이 표현되죠. 〈반짝반짝 작은 별〉 노래에 '귀여워'를 넣어서 "아우아우 귀여워! 너무너무 귀여워! 눈도 눈도 귀엽고 코도 코도 귀엽고! 귀염 귀염 귀요미 어쩜 이리 귀여울까"라고 노래한 다음에 "아우, 귀여워!!!!!"라고 해주는 거예요. 자신감이 붙으면 노래에서 선율을 빼고 랩을 하듯 "아우아우 귀여워"라고 리듬만 표현합니다. 노래를 끝까지 부르지 않아도 돼요. "아우아우 귀여워" 한 다음에 "왜 이렇게 귀여운 거야~" 할 수도 있죠.

아이의 이름을 재미있게 부를 수도 있습니다. 항상 아이를 부르던 억양 말고, "여언~~경아~" 하면서 '연'을 강조하거나 "연~경!!!" 하면서 '경'을 강조할 수도 있고, "연경 연경 연경이, 귀연 귀연 연경이" 하면서 노래로 부를 수도 있죠. 이처럼 처음에는 평소에 아이에게 자주 하는 말에 리듬을 넣어보세요.

그리고 모션을 함께 취하는 것입니다. 두 팔 벌리기, 손 흔들기, 간단한 스킨십 모두 좋습니다. 예를 들어 "아~우 귀여워"라고 리듬 있게 말하면서 너무 귀여워서 참을 수 없다는 듯 두 주먹을 쥐고 몸을 부르르 떨어줍니다. "드디어 우리가 자전거 여행을 간다!"라고 얘기할 때도 기대감을 점프 동작으로 표현합니다. 마땅한 동작이 생각나지 않는다면 "아~우 귀여워"라고 말하든, "드디어 우리가 자전거 여행을 간다!"라고 말하든 그렇게 말한 다음에 너무 좋은 듯 박수를 치거나 춤을 추는 것도 좋습니다.

여기에 템포의 변화까지 더해볼까요. 템포의 경우에는 빠르게, 느리게, 멈추기, 이 세 가지만 기억하면 됩니다. 예를 들어 "종아리! 종아리! 팔꿈치! 팔꿈치!" 하고 신체 이름을 부르며 아이를 씻기는 중이라면 "종~아~리! 종~아~리!" 하면서 천천히 닦다가 "종종종종종 종아리종아리종아리리리리리리!" 하고 빨리 움직이면서 닦습니다. 아이가 밥을 다 먹어서 칭찬해주고 싶다면 "벌써 밥이 배에 다 들어간고야?" 하면서 놀란 얼굴로 몇 초간 멈췄다가 "요기? 조기? 요기조기?" 하면서 아이의 배를 빠르게 만져줍니다.

    부모의 말에 리듬과 모션이 실리면 소리 자극과 시각 자극이 동시에 이루어져 아이가 조금 더 집중합니다. 템포까지 변화시켜주면 아이의 웃음도 유발할 수 있죠. 표현이 어색해도 괜찮습니다. 우리는 많은 사람 앞에서 공연을 하는 것이 아니니까요. 이렇게 노력하는 과정만으로도 부모가 전하는 사랑의 메시지가 아이의 마음에 더욱 잘 전달될 것입니다.

말소리의 길이와 강약을 리듬감 있게
천천히, 빠르게 템포를 다채롭게
잠깐 멈칫했다가 다시 이어가기

언제나 같은 어조의 말

애정성 점수로 쌓이는 하루 1분 일상 놀이

목욕하며 1분, 옷 입으며 1분, 학습하며 1분, 칭찬하며 1분……. 그런 1분이 쌓여 10분이 되고 1시간이 됩니다. 이렇게 함께한 시간은 오랫동안 놀이를 지속한 것 이상의 효과로 나타납니다. 특별히 시간을 낼 수 없다면 아이와 함께 일상생활을 하면서 1분 놀이를 해보세요. 아이와의 일상 속에서 짧은 순간순간 즐겁게 상호작용하다 보면 애정성 점수가 차곡차곡 쌓일 것입니다.

아이가 등원(등교)할 때

못 가 못 가 | 등원(등교) 인사를 할 때 아이를 포옹한 상태에서 "못 가, 못 가!" 하면서 아이를 놓아주기 싫은 듯 아쉬운 감정을 표현합

니다.
▶▶ "못 가, 못 가!"를 한 번 한 뒤에 아이를 보내주는 것처럼 하다가 다시 안아서 "못 가, 못 가!"를 반복해보세요.

손바닥 편지 | 아이가 등원(등교)할 때 아이의 손바닥에 검지로 글씨를 쓰며 부모의 사랑을 표현합니다. "아빠가 뭐라고 쓰는지 맞혀 봐"라고 말한 다음에 하트를 그리거나, '아이스크림' 등 다시 만날 때 아이가 기대하는 일에 대해 씁니다.
▶▶ 긴 메시지를 전하고 싶다면 일부러 빠르게 흘려 쓰면서 웃음을 일으키고, 한두 번 반복한 후에는 첫 번째 글자부터 하나씩 힌트를 줍니다.

끈적이 박수 | 아이가 등원(등교)할 때 아이와 두 손을 맞대면서 하이파이브를 한 다음에 두 손이 닿는 순간 "어어어어! 안 떨어지네!"라고 말합니다. 그리고 두 손을 맞댄 상태로 커다란 하트를 그리면서 "사랑해!"라고 말한 뒤에 부모의 손을 떼어냅니다.
▶▶ 두 손이 붙어 있을 때 "뭐야! 껌이 붙었나 봐", "어떡해! 누가 여기에 끈적거리는 코딱지를 붙여놓은 거야?" 등 끈적이는 것들의 이름을 이용해보세요.

아이에게 힘을 주고 싶을 때

용기 에너지 | "엄마는 용기 마법사야. 엄마가 용기를 줄게"라고

말한 다음에 아이와 가슴을 밀착시킵니다. 그러고 나서 가슴을 부비며 "용기 마법 전달~"이라고 얘기해주세요.

▶▶용기 마법만 있으면 '무조건 잘될 거야'라는 의미로 전하면 아이에게 부담이 될 수 있습니다. 스킨십을 통해 '엄마, 아빠가 네 힘이 되어줄게. 네 어려움을 알고 있어'라는 느낌이어야 해요.

흔들의자 | 아이가 지치고 힘들어 보인다면 '부모 흔들의자'에 태워주세요. 부모가 의자에 먼저 앉은 뒤 아이를 마주 안고 흔들흔들 하면서 안정감을 줍니다.

▶▶"엄마(아빠) 흔들의자에 탈까?"라고 물어서 아이가 앉으면 "엄마(아빠) 흔들의자, 튼튼하지? 우리 아들이 어른이 되어도 끄떡없지"라고 얘기한 다음에 아이가 편안해하면 서정적인 노래를 부르면서 토닥여줍니다.

걱정 청소기 | 아이에게 고민이 있다면 걱정을 없애주는 '걱정 청소기'를 작동합니다. 작동 방법은 부모가 아이와 머리를 맞대고 "슈우우우욱!" 하고 소리를 내는 것입니다.

▶▶아이가 고민을 털어놓았다면 "이제 엄마의 머릿속에도 우리 딸의 걱정이 들어왔어. 우리 같이 고민해보자"라고 얘기합니다. 고민이 있어 보이지만 정확히 말은 하지 않는다면 "언제든지 걱정 청소기를 누를 수 있어. 말하지 않아도 돼. 청소하고 나면 편해질 거야"라고 얘기하면서 부모는 아이에게 도움을 주고 싶으며 아이가 마음껏 기대어도 된다는 사실을 알려주세요.

아이를 칭찬할 때

머릿속 현미경 | 아이가 기발한 생각을 떠올렸다면 "아니, 어디서 그런 생각이 나오는 거야?"라고 말하면서 아이의 머릿속을 현미경으로 들여다보듯 표현합니다.
▶▶아이의 머리카락을 이리저리 넘기면서 "왼쪽에 있나? 오른쪽에 있나?" 하고 바삐 움직이다가 "요기 있었네! 요기!" 하며 재미있게 표현해주세요.

축하합니다 | 아이가 바람직한 행동을 했다면 노래를 부릅니다. "축하합니다~ 축하합니다~ 스스로 동영상 끈 어린이 축하합니다~"라고 아이가 어떤 행동을 했는지 가사에 구체적으로 넣어주세요.
▶▶박수를 치며 노래를 불러도 좋지만, 온 가족이 손을 잡고 빙그르르 돌면서 노래를 부르면 더욱 좋습니다.

뽀뽀 세례 | 아이를 칭찬하고 싶을 때 갑자기 "뽀뽀 세례!"를 외친 후 아이의 머리부터 발끝까지 뽀뽀를 퍼붓습니다. 아이가 그림을 그렸다면 아이의 그림을 관찰한 뒤 "뽀뽀 세례!"를 외치면서 뽀뽀를 하는 것입니다. 잠깐 멈춰서 다시 그림을 한번 살피고 "뽀뽀 세례!"를 반복하면서 기쁜 감정을 충분히 표현해줍니다.
▶▶"뽀뽀 세례!"는 사극에서 "상감마마 납시오!", "암행어사 출두요!"를 외치듯 허공에 대고 큰소리로 외칩니다. 아이가 '갑자기 왜 저러지?'라고 느끼는 순간에 뽀뽀를 하면서 웃음을 줍니다.

아이를 목욕시킬 때

신체 이름 닮기 | "종아리! 종아리!", "허벅지! 허벅지!" 하면서 거품을 묻히는 아이의 신체 부위 명칭을 리듬감 있게 불러줍니다.
▶▶처음에는 신체 명칭 그대로 리듬만 넣다가 "종아리! 종종종종종!", "허벅지! 벅벅벅벅벅!" 하면서 한 음절을 반복하며 재미를 줍니다.

없애 없애 | 샤워기로 아이의 몸에 묻은 거품을 없앨 때 구호를 외치듯 "없애! 없애!"를 외칩니다.
▶▶거품이 남아 있는 곳을 발견하면 마치 큰일이 생긴 듯 "등에 거품이 남았잖아? 없애! 없애! 뭐야~ 팔꿈치에도오! 없애! 없애!" 하고 호들갑스레 반응합니다.

동그라미 팔다리 | 아이의 겨드랑이를 닦을 때는 "머리 위로 동그라미!"를 외쳐서 아이가 두 팔을 머리 위로 올리게 합니다. 다리 사이를 닦을 때는 "오~다리!"를 외쳐서 아이가 무릎을 굽혀 알파벳 'O'를 만들게 합니다.
▶▶아이가 머리 위로 동그라미를 만들면 "똥글똥글 동그라미가 여기 있네!" 하고, 무릎을 굽혀 'O'를 만들면 "여기에도 동그라미가 있잖아? 오호~ 다리!" 하고 말소리를 재미있게 표현합니다.

냄새 맡기 | 목욕을 마친 후에는 아이를 껴안은 뒤 냄새를 맡으며

"아이, 좋은 냄새. 어디서 이렇게 좋은 냄새가 나지?"라고 얘기합니다.
▶▶ 머리카락 냄새, 손가락 냄새, 겨드랑이 냄새 등 신체 부위 명칭을 얘기하며 아이의 냄새를 맡습니다. 무릎 냄새, 인중 냄새, 꼬리뼈 냄새 등 평소에 지칭하지 않는 신체 명칭도 꺼내면서 재미를 더합니다.

아이가 양치할 때

타이타닉 | 양치를 하기 전, 거울 앞에서 '타이타닉 포즈'로 아이의 양팔을 잡고서 왼쪽으로, 오른쪽으로 천천히 움직이며 "따라라~ 따라라라~" 하고 타이타닉 주제가나 아이가 좋아하는 노래를 허밍으로 불러줍니다.
▶▶ 처음에는 "따라라~ 따라라라~" 서정적으로 부르다가 노래의 마지막 소절에서는 "라~~~~~~~" 하고 아이의 몸을 빠르게 흔들어 웃음을 유발합니다.

브라보 | 아이가 칫솔질을 하고 있을 때나 물을 뱉어냈을 때 천천히 박수를 치면서 "브라보! 오, 브라보!"를 외칩니다.
▶▶ 양치하는 아이를 유심히 바라본 뒤 잠시 멈췄다가 그런 아이의 모습을 믿을 수 없다는 듯 고개를 흔들어줍니다.

신호 주기 | 아이가 입속에 물을 머금고 있다가 부모가 신호를 주

면 물을 뱉어내도록 합니다. 세면대에 돌고래나 문어 모양의 스티커를 붙여서 그 스티커를 향해 뱉도록 유도할 수도 있습니다.
▶▶아이에게 신호를 줄 때는 다급하게 '지금이야!' 하는 느낌으로 "뱉어!", "돌고래!", "이쪽이야!" 하고 외쳐주세요.

있네 있네 | 아이가 양치를 다 끝내면 수건으로 아이의 얼굴을 가린 후 "깨끗한 어린이가 어디로 갔지?"라면서 찾는 시늉을 합니다. 그런 다음에 수건을 확 들어 올리며 "깨끗한 어린이가 있네~ 있네~"라고 리듬을 살려줍니다.
▶▶이때 "있네~ 있네~"는 이덕화의 "부탁~해요~" 같은 느낌으로 "있네애~ 있눼~" 하고 느끼하게 표현합니다.

아이가 옷을 입을 때

여기 있네 | 옷 입는 아이를 도와주면서 "팔이 어디 있을까?" 한 다음에 아이가 팔을 넣으면 "어머, 여기 있네!" 하고, "얼굴이 안 보이네?" 한 다음에 아이가 머리를 넣으면 "아우, 깜짝이야! 우리 아들이 여기 있네" 합니다.
▶▶팔다리를 넣기 전에 아이를 자극하면 옷을 입지 않고 장난을 칠 수 있습니다. "팔 나와라. 팔이 어디 있지?"에서는 일상적인 어조로 얘기한 다음에 "여기 있네!"에서 아이와 눈을 맞추며 재미있게 표현합니다.

눈으로 기억하기 | 아이가 옷을 다 입으면 "어머! 이렇게 잘 어울릴 수가!"라고 얘기한 다음에 "이 모습을 기억해야 돼!" 하면서 양손의 엄지와 검지로 카메라 모양을 만들어 촬영합니다.
▶▶ 근거리에서도 원거리에서도 촬영하는 듯 일부러 아이에게 아주 가까이 다가갔다가 멀찍이 떨어져 바라보기도 합니다.

○○한 사람? | 옷을 다 입으면 "옷을 다 입은 사람?" 하며 물어서 아이가 대답하거나 손을 들면 하이파이브를 하거나 점프를 시켜줍니다. 그러고 나서 "옷을 다 입고 놀이터에 가서 재미있게 놀 사람?", "깨끗한 옷을 입고 책 읽을 사람?" 하고 이어서 묻고 답하며 옷을 입은 후에 어떤 좋은 일이 기다리는지 얘기해주세요.
▶▶ 아이에게 질문할 때 "분홍색 반짝이가 펄럭이는 치마를 입은 어린이?", "번개맨 옷을 입고 진짜 번개맨처럼 변신한 사람?"처럼 아이가 입은 옷을 구체적으로 표현해주면 더욱 좋습니다.

아이와 놀이할 때

하이파이브 | 놀이 중간중간에 "짠!" 하면서 아이와 하이파이브를 합니다. 아이가 손을 마주 대려는 첫 순간에는 살짝 피한 다음에 두 번째 시도에서 손을 마주칩니다.
▶▶ 처음에 손을 살짝 피할 때는 "오?!" 하면서 놀라 멈춘 듯한 표정을 지었

다가 다시 손뼉을 치도록 유도합니다.

ET 친구 | 아이랑 놀이를 하면서 텔레파시가 통한 듯 ET처럼 검지를 서로 마주 댑니다.
▶▶아이와 검지를 마주 댄 순간에 '찌릿찌릿' 전기가 통한 듯한 동작을 하거나 "삐리삐뽀뽀뽀뽀~"라고 외계어를 하듯 재미있는 소리를 내어줍니다.

진진짜 마지막 | 아이가 놀이를 마치기 아쉬워한다면 "진짜 마지막~"이라고 한 다음에 좀 더 놀이를 같이합니다. 그런데도 더 놀고 싶어 한다면 이번에는 "진진짜 마지막~" 하면서 한 번 더 놀이해줍니다.
▶▶약속했더라도 놀이를 마칠 때는 아쉬운 법입니다. 아이와 10분 더 놀아줄 수 있다면 그 전에 먼저 이번이 마지막임을 알려주세요. "진짜 마지막~", "진진짜 마지막~"까지 모두 사용하면서 부모의 놀이 예상 시간은 맞추되, 아이에게는 부모가 조금 더 허용해줬다고 느끼도록 함으로써 만족감을 안길 수 있습니다.

아이의 학습을 도와줄 때

거꾸로 읽기 | 책 제목이나 받아쓰기 문장을 거꾸로 읽습니다. '엄마, 사랑해요'라는 제목의 책이라면 "요해랑사마엄" 하는 거예요.

아이가 "요해랑사마엄이 뭐야?"라고 웃으면 "설마 똑바로 읽을 수 있다고?"라고 물어봅니다. 아이가 "엄마, 사랑해요"라고 읽는다면 "오! 재미있겠는데?"라고 아이의 호기심을 자극해줍니다.
▶▶거꾸로 읽을 때는 천천히 읽되 중국어 성조처럼 높낮이를 마구 두어 재미있게 표현합니다. 이 방법은 학습을 시작하는 도입부에서 아이의 흥미를 불러일으킬 때나 아이가 지루해할 때 잠깐씩 사용해주세요.

오답 말하기 | 아이가 정답을 아는 문제를 풀 때 일부러 오답을 대면서 웃음을 유발합니다. "자석이랑 플라스틱이랑 딱 붙지 않아? 안 붙으면 테이프로 붙이면 안 되나?"라고 말했을 때 아이가 아니라고 대답한다면 "에잉, 네가 모를 줄 알았는데…… 알고 있었네!"라고 얘기해주세요. 아이가 부모의 의도를 파악하고 "맞아요, 자석이랑 플라스틱이랑 붙어요"라고 대답한다면 "에잉, 다 알면서~(간질간질)" 하고 웃음을 유발해준 다음에 "이번에는 진짜 문제! 자석이랑 플라스틱은 붙을까, 안 붙을까?" 하고 집중시킵니다.
▶▶오답 말하기는 아이가 정확히 답을 아는 문제에만 적용합니다. 또한 학습 습관을 즐겁게 들이기 위한 놀이이므로, 아이가 '어? 엄마가 틀린 말을 하네?' 정도로만 흥미를 가지도록 짧게 언급하고 본래 내용으로 돌아갑니다.

힌트 주기 | 아이가 학습을 어려워한다면 재미있게 힌트를 줍니다. 알파벳 'O'로 시작하는 단어를 못 찾고 있다면 "힌트!"라고 외친 다음에 입으로 'O' 모양을 만듭니다. 간단하게 표현하기 어려운 내

용이라면, 객관식 퀴즈를 내듯 "띄어쓰기 힌트 나갑니다! 1번 '친구랑 띄고 놀아요', 2번 '친구 띄고 랑놀아요'" 하고 아이가 정답을 맞힐 수 있게 힌트를 줍니다.

▶▶부모가 아이의 학습을 지도할 때는 실전이 아니므로 정답 맞히기가 아니라 성취감을 느끼게 하는 데 주력해야 합니다. 힌트를 주어도 아이가 어려워한다면 '찬스'를 사용하여 부모가 대신 풀어주거나 아이가 쉽게 풀도록 도와주어 학습 과정이 즐겁다는 것을 알려주세요.

과잉 마사지 | 아이가 학습에 집중했다면 그 시간이 짧게 느껴지더라도 "우리 아들이 너무 오래 앉아 있었어. 안 돼, 안 돼. 엉덩이에 굳은살이 생긴단 말이야", "우리 딸의 어깨가 굳으면 어떡해. 엄마가 풀어줘야 돼"라면서 마사지를 해줍니다.

▶▶마사지를 할 때는 피아노를 치듯 간질이거나, 전문가가 마사지를 하듯 발로 등을 밀고 팔꿈치로 엉덩이를 누르는 등 과잉 동작으로 아이의 웃음을 이끌어냅니다.

아이가 잠들 때

속닥속닥 | 왼쪽 귀에 대고 "오늘 너무 재미있었고……", 오른쪽 귀에 대고 "내일도 재미있게 놀자……" 하면서 속닥거립니다.

▶▶아이의 귀 옆에 머리카락이 없어도 괜히 여러 번 쓸어 올린 다음에 얘기

합니다. 왼쪽 귀와 오른쪽 귀를 번갈아 말하되, 귀를 바꿀 때마다 머리카락은 계속 쓸어 올려주세요.

신체 이름 마사지 | 머리, 목, 어깨, 엉덩이, 허벅지, 종아리 등 신체 명칭에 리듬을 넣어 부르며 마사지합니다. 1번 주무르기, 2번 두드리기, 3번 쓰다듬기 등으로 아이에게 선택권을 주고서 다양한 방법으로 마사지해주세요.
▶▶리듬감 있게 표현하기 어렵다면 아이가 좋아하는 노래 선율에 가사만 바꿔도 좋습니다. 〈곰 세 마리〉 노래라면 "곰— 세 마리—가— 한— 집에 있어" 대신에 "종—아리 종—아—리— 종종 종종" 하면서 불러줍니다.

아이가 밥을 먹을 때

투명 인간 | 밥을 먹을 때 아이를 재촉하는 대신에 "언니, 미역도 먹는 거야?", "웬일이야, 언니! 그것도 먹을 줄 알아? 깜짝 놀랐네, 언니!" 하면서 다른 투명 인간이 말을 걸듯 얘기합니다.
▶▶잘 먹을 때는 이같이 대화하면서 아이에게 즐거움을 주고, 먹는 속도가 느려지는 등 식사 시간을 지루해할 때는 "언니, 빨리 먹고 놀이터 가야지", "아이스크림이 우리를 기다리고 있어" 하면서 외적 보상을 강조합니다.

의심 많은 엄마 | "말도 안 돼, 벌써?", "설마…… 거짓말!"처럼 믿

을 수 없는 상황에서 사용하는 말을 합니다. 아이가 음식을 삼키면 그때마다 "벌써?" 하면서 깜짝 놀란 표정을 짓고, "설마…… 밥까지 한입에 넣는 것은 아니겠지?", "거짓말…… 이거 누가 먹어준 것 아니야?"라는 이야기도 합니다.

▶▶이런 부모의 자극에 아이가 반응한다고 해서 잘 안 먹는 음식을 계속 권하거나 너무 많은 양을 주면 역효과가 납니다. 이렇게 믿을 수 없다는 표현을 한 뒤에는 아이가 성취감을 느낄 수 있도록 좋아하는 음식이나 적은 양을 주면서 이끌어보세요.

즐거운 상상 | 아이가 식사할 때 "이렇게 먹다가 아빠보다 더 커지는 것 아니야?", "배가 빵빵해져서 초콜릿을 다섯 개나 먹어도 배탈이 안 나겠는데!", "킥보드로 열 바퀴 돌아도 네 힘이 남아도는 것 아니야?" 하면서 밥을 잘 먹으면 어떤 좋은 일이 생기는지 즐겁게 상상합니다.

▶▶식사 후에는 아빠와 키를 재거나, 초콜릿을 먹거나, 놀이터에서 킥보드를 타는 등 식사 시간에 대화한 내용을 실행하면서 '밥을 먹었더니 좋은 일이 생기네'를 구체적으로 확인시켜주세요.

아이가 원하는 것을 모른 채
부모는 하고 싶은 말만 한다

초판 1쇄 발행 2021년 6월 30일 **초판 5쇄 발행** 2025년 1월 22일

지은이 오연경
펴낸이 최순영

출판1 본부장 한수미
라이프 팀장 곽지희

펴낸곳 ㈜위즈덤하우스 **출판등록** 2000년 5월 23일 제13-1071호
주소 서울특별시 마포구 양화로 19 합정오피스빌딩 17층
전화 02)2179-5600 **홈페이지** www.wisdomhouse.co.kr

ⓒ 오연경, 2021
ISBN 979-11-91583-97-7 13590

* 이 책의 전부 또는 일부 내용을 재사용하려면 반드시 사전에 저작권자와
  ㈜위즈덤하우스의 동의를 받아야 합니다.
* 인쇄·제작 및 유통상의 파본 도서는 구입하신 서점에서 바꿔드립니다.
* 책값은 뒤표지에 있습니다.